청삼아동연구시리즈 21

통일한국의 영유아 교원 양성과 재교육 제도 및 정책 방안

최민수·이원영·최완영 공저

창지사

반만년의 유구한 역사와 전통을 간직하고 있는 한반도는 지난 60년간 남한과 북한으로 분단되어 이질화된 정치체계에 의해 통치되어 왔다. 민주주의와 개방체제를 유지해 온 남한 사회는 최근 세계 12위 경제대국으로 성장하였고, 사회주의 체제와 폐쇄체제를 유지해 온 북한은 심각한 경제적 어려움을 겪고 있다. 김대중, 노무현 정부 시절에 남북한 정상회담이 이루어지면서 금강산 관광, 개성공단 등을 통하여 남북한의 본격적인 경제적 교류, 협력이 이루어지기 시작하였고, 인도적 차원에서의 민간적 경제적 지원활동도 점점 증가하고 있다. 현 정부의 '상생과 공영의 대북정책'에서도 남북경제공동체를 대내외적으로 선언하면서 경제, 교육, 재정, 인프라, 복지 5대 분야를 포함하여 외연을 확장하고 있다. 그동안 통일교육은 정부의 통치이념의 변화에 따라 반공교육, 통일·안보교육, 통일교육으로 변화되어 왔다. 1990년 이후부터 북한 사회를 '있는 그대로' 바라보려는 내재적 관점이 조성되기 시작하여, 최근에는 민족의 화해와 협력을 위한 교육, 민족동질성 회복을 위한 교육이 강조되고 있다. 이에 따라 유아교육과정에서 강조되고 있는 유아통일교육의 관점도 북한에 대한 화해와 이해를 바탕으로 통일 이후의 삶에 필요한 기초교육이 준비되어야 함을 강조하고 있다. 현장의 교사들은 통일교육의 필요성과 당위성에는 대부분 공감하고 있지만 영유아 교사 양성과정이나 재교육과정에서 체계적인 통일교육을 받지 않았기 때문에 무슨 내용으로 어떻게 통일교육을 해야 할지에 대해서는 어려움이 있다. 따라서 영유아 교사들이 통일교육을 잘 할 수 있도록 하기 위해서는 통일교육의 능력을 배양할 수 있는 체계적인 교사양성과 재교육 제도 및 정책이 필요하다.

본 저서에서는 통일한국 시대에 필요한 영유아 교원 양성 제도와 재교육을 위한 정책 방안을 제시하면서 두 가지 개념적 관점을 모두 포함하여 통일한국으로 규정하고 있다. 즉, 통일한국이란 '하나로 통합된 통일'은 물론 현재 남북한의 상호교류, 협력, 지원 방식으로 진행되고 있는 '과정으로서의 통일' 모두를 통일한국으로 규정하고 있다. 또한 제도 및 정책 방안의 기본적인 관점은 남한 사회를 위주로 하여 북한 사회의 특성을 반영하는 형태의 통일한국을 전제하고 있다. 갑작스럽게 통일이 이루어진다면 남북한 영유아교육 현장에서는 무슨 일이 벌어질 수 있는지 한번이라도 생각해 보면 몹시 당황스러울 것이다. 현재 남북한의 유치원, 탁아소, 보육시설 등에 다니고 있는 영유아들을 누가, 무엇을, 어떻게, 어디에서 가르쳐야 할지 막막하기만 하다. '꽃을 보고 싶을 때 꽃씨를 심으면 이미 늦다'는 말처럼 우리는 지금부터라도 통일한국 시대를 준비해야 한다. 본 저서는 오래 전부터 통일한국의 영유아교육을 걱정해 온 중앙대학교 이원영 명예교수, 민주평화통일자문위원 교육분과 상임위원을 지낸 최완영 문성유치원 원장, 그동안 북한 및 통일교육을 연구해 온 광주대학교 최민수 교수가 공동으로 집필하였다. 저자들은 현재 남북한의 교사양성 및 재교육 제도와 정책을 고찰하였고, 학부모, 학생, 영유아 교사, 장학사, 행정가, 북한이탈주민을 대상으로 설문조사하여 문헌고찰 내용, 설문조사 결과, 세 차례의 발표와 토론과정에서 나타난 의견들을 수렴하여 통일한국의 영유아 교원 양성과 재교육 제도와 정책 방안을 제시하였다.

본 저서는 기본적으로 영유아교육을 전공하는 학생 및 대학원생, 현장에 근무하고 있는 영유아 교원들이 통일교육을 연구하고, 교육할 때 활용할 수 있는 구체적인 활동보다는 통일교육에 대한 교육적 주요 관점을 재정립하는 데 꼭 필요한 자료로 활용될 수 있을 것이다. 한편으로는 최근 북한을 이탈하여 남한에서 새롭게 정착해 나가고 있는 15,000명 이상의 북한이탈주민을 위한 정책을 개발하고 집행할 때 참고할 수 있는 소중한 자료가 될 수 있을 것이다.

2010년 6월

저자 최민수·이원영·최완영

목 차

머리말 · 3

I. 연구의 개요

01 연구목적 및 필요성 17

1) 연구문제의 제기 _ 17
2) 선행 연구동향 _ 20
3) 연구의 필요성 _ 22

02 연구문제와 내용 24

1) 연구문제 _ 24
2) 연구내용 _ 25

03 연구방법 및 절차 28

1) 관련 문헌 및 자료 수집·분석 _ 28
2) 설문조사 _ 29
3) 전문가 협의회 개최 _ 29

04 용어정의 32

1) 통일한국 _ 32
2) 북한이탈주민 _ 32

05 연구관점의 기본적 전제 33

II. 남북한 영유아 교원 양성과 재교육 제도 및 정책 실태

01 남북한의 영유아 교원 양성제도 및 정책 37

1) 유치원 교원 양성제도 및 정책 _ 38

2) 보육시설 보육교사 양성제도 및 정책 _ 48

02 남북한의 영유아 교원 재교육 제도 및 정책 53

1) 유치원 교원 재교육 제도 및 정책 _ 53

2) 보육시설 교원 재교육 제도 및 정책 _ 57

III. 통일한국의 영유아교육을 위한 인적자원 육성과 남북한 교류, 협력, 지원 방안 모색

01 북한이탈 인적자원의 영유아교육 현장 취업과 재교육 방안 61

1) 북한이탈 성인 인적자원의 영유아교육 전문가 육성 및 취업 방안 _ 62

2) 북한이탈청소년 인적자원의 영유아교육 양성기관 입학 및 취업 방안 _ 62

02 남북한 영유아교육 현장에 대한 지원과 교류 방안 모색 63

1) 남북한 영유아교육 현장의 지원과 교류 방안 _ 64

2) 남북한 영유아교육 전문가의 교류 협력 방안 _ 64

목 차

IV. 통일한국의 영유아 교원교육 제도 및 정책 방안에 대한 설문조사

01 설문조사 대상자에 대한 인구사회학적 특성 69

1) 설문대상 _ 69

2) 설문대상자의 인구사회학적 특성 _ 70

02 설문을 위한 측정도구 71

1) 측정도구의 범주 및 내용 _ 71

2) 측정도구의 타당도 _ 72

3) 측정도구의 신뢰도 _ 74

03 자료 분석 방법 75

04 설문조사 결과 분석 76

1) 통일한국의 영유아 교원교육 제도 및 정책 방향 모색 _ 76

2) 북한이탈주민 지원 방안 _ 116

3) 남북한 영유아교육 현장의 교류, 협력, 지원 _ 128

V. 통일한국의 영유아 교원 양성과 재교육 제도 및 정책 방안

01 논의 및 결론 139

1) 통일한국의 영유아 교원교육 제도 및 정책 방안 _ 139

2) 통일한국의 영유아교육 인적자원 육성과 교류, 협력, 지원 방안 _ 149

02 제 언 155

1) 유치원(유아학교), 초등학교, 중학교, 고등교육 통일교육교사 양성 방안 _ 156

2) 후속 연구를 위한 제언 _ 157

참고문헌 _ 158

부 록 _ 164

표목차

〈표 II-1〉 2009년도 유치원 교사 양성대학 및 양성인원 ······ 40
〈표 II-2〉 2005년 대학별 양성과정 학점편성 ······ 41
〈표 II-3〉 4년제 G대학교 유아교육과 전체 학점편성 비율 예시 자료 ······ 42
〈표 II-4〉 4년제 G대학교 유아교육과 전공 및 교직(소양) 교육과정 예시 자료 ······ 43
〈표 II-5〉 3년제 전문대학 유아교육과 전체 학점편성 ······ 44
〈표 II-6〉 3년제 전문대학 유아교육과 전공 및 교직(소양) 교육과정 예시 자료 ······ 45
〈표 II-7〉 북한의 교원대학 교과목 ······ 47
〈표 II-8〉 대학 등에서 이수해야 할 교과목 및 학점 일반 ······ 51
〈표 II-9〉 보육실습에 관한 기준 ······ 51
〈표 II-10〉 교육훈련시설의 교육과정 ······ 52
〈표 IV-1〉 설문대상자의 인구사회학적 특성사례수 ······ 70
〈표 IV-2〉 통일한국 시대의 영유아 교원교육 제도 및 정책에 대한 의견조사 문항 ······ 72
〈표 IV-3〉 문항별 신뢰도 분석결과 ······ 75
〈표 IV-4〉 통일한국 개념의 동의정도에 대한 평균 및 표준편차 ······ 76
〈표 IV-5〉 통일한국 개념의 동의정도에 대한 전체 분석결과 ······ 77
〈표 IV-6〉 통일한국 개념의 동의정도에 대한 분석결과 ······ 77
〈표 IV-7〉 통일한국 유치원교사의 양성기간에 대한 전체 분석결과 ······ 79
〈표 IV-8〉 통일한국 유치원교사의 양성기간에 대한 분석결과 ······ 80
〈표 IV-9〉 유치원교사 명칭 사용에 대한 평균 및 표준편차 ······ 81
〈표 IV-10〉 유치원교사 명칭 사용에 대한 전체 분석결과 ······ 81
〈표 IV-11〉 유치원교사 명칭 사용에 대한 분석결과 ······ 82
〈표 IV-12〉 통일한국 보육교사의 양성기간에 대한 전체 분석결과 ······ 84
〈표 IV-13〉 통일한국 보육교사의 양성기간에 대한 분석결과 ······ 84
〈표 IV-14〉 보육교사 명칭 통일에 대한 평균 및 표준편차 ······ 86
〈표 IV-15〉 보육교사 명칭 통일에 대한 전체 분석결과 ······ 86
〈표 IV-16〉 보육교사 명칭 통일에 대한 분석결과 ······ 87
〈표 IV-17〉 통일한국 영유아 교사 양성 및 재교육 제도적 정비에 대한 평균 및 표준편차 ···· 88
〈표 IV-18〉 통일한국 영유아 교사 양성 및 재교육 제도정비 전체 분석결과 ······ 88
〈표 IV-19〉 통일한국 영유아 교사 양성 및 재교육 제도정비 분석결과 ······ 89
〈표 IV-20〉 통일한국 영유아 교사의 자질에 대한 전체 분석결과 ······ 91

〈표 IV-21〉 통일한국 영유아 교사의 자질에 대한 분석결과 ······ 92
〈표 IV-22〉 학력에 따른 통일한국 영유아 교사의 자질 ······ 93
〈표 IV-23〉 교육경력에 따른 통일한국 영유아 교사의 자질 ······ 94
〈표 IV-24〉 직업 및 신분에 따른 통일한국 영유아 교사의 자질 ······ 94
〈표 IV-25〉 영유아 교사 양성 및 재교육 프로그램에서 강조할 내용요소 전체 분석결과 ····· 96
〈표 IV-26〉 연령에 따른 영유아 교사 양성 및 재교육 프로그램에서 강조할 내용요소 ···· 97
〈표 IV-27〉 학력에 따른 영유아 교사 양성 및 재교육 프로그램에서 강조할 내용요소 ···· 98
〈표 IV-28〉 경력에 따른 통일한국 영유아 교사 양성 및 재교육 프로그램에서 강조할 내용요소 · 100
〈표 IV-29〉 직업 및 신분에 따른 영유아 교사 양성 및 재교육 프로그램에서 강조할 내용요소 · 101
〈표 IV-30〉 영유아 교사 양성 및 재교육과정에서 중요한 것 전체 분석결과 ······ 102
〈표 IV-31〉 연령에 따라 본 질 높은 영유아 교사 양성 및 재교육과정에서 중요한 것 ··· 103
〈표 IV-32〉 학력에 따라 본 질 높은 영유아 교사 양성 및 재교육과정에서 중요한 것 ··· 104
〈표 IV-33〉 경력에 따라 본 질 높은 영유아 교사 양성 및 재교육과정에서 중요한 것 ··· 105
〈표 IV-34〉 직업 및 신분에 따라 본 질 높은 영유아 교사 양성 및 재교육과정에서 중요한 것 ·· 106
〈표 IV-35〉 영유아 교사 양성 및 재교육과정에서의 통일교육 실시 정도에 대한 평균 및 표준편차 ·· 107
〈표 IV-36〉 현재 영유아 교사 양성 및 재교육과정에서의 통일교육 실시 정도 전체 분석결과 ·· 107
〈표 IV-37〉 현재 영유아 교사 양성 및 재교육과정에서의 통일교육 실시 정도 ······ 108
〈표 IV-38〉 영유아 교사 양성 및 재교육에서 통일교육 내용의 추가 필요성에 대한 평균 및 표준편차 · 109
〈표 IV-39〉 현재 영유아 교사 양성 및 재교육과정에서 통일교육 내용의 추가 필요성 전체 분석결과 · 109
〈표 IV-40〉 현재 영유아 교사 양성 및 재교육과정에서 통일교육 내용의 추가 필요성 ·· 110
〈표 IV-41〉 기존 자격증의 교환 필요성에 대한 평균 및 표준편차 ······ 111
〈표 IV-42〉 기존 자격증의 교환 필요성에 대한 전체 분석결과 ······ 112
〈표 IV-43〉 기존 자격증의 교환 필요성에 대한 분석결과 ······ 112
〈표 IV-44〉 자격증을 호환할 때의 재교육 실시 여부에 대한 평균 및 표준편차 ······ 114
〈표 IV-45〉 자격증을 상호 교환할 때의 재교육 여부 전체 분석결과 ······ 114
〈표 IV-46〉 자격증을 상호 교환할 때의 재교육 여부 분석결과 ······ 115
〈표 IV-47〉 북한이탈청소년의 차세대 영유아교육 전문가 육성의 필요성에 대한 평균 및 표준편차 ·· 116
〈표 IV-48〉 북한이탈청소년의 차세대 영유아교육 전문가 육성의 필요성 전체 분석결과 · 117
〈표 IV-49〉 북한이탈청소년의 차세대 영유아교육 전문가 육성의 필요성 ······ 117
〈표 IV-50〉 북한이탈주민의 영유아 교사 양성 및 재교육 방안에 대한 평균 및 표준편차 ·· 119

표목차

〈표 IV-51〉 북한이탈주민의 영유아 교사 양성 및 재교육 방안 전체 분석결과 119
〈표 IV-52〉 북한이탈주민의 영유아 교사 양성 및 재교육 방안 분석결과 120
〈표 IV-53〉 북한이탈주민 및 청소년 영유아 교사 양성 및 재교육 비용 국가 부담여부에 대한 평균 및 표준편차 121
〈표 IV-54〉 북한이탈주민 및 청소년 영유아 교사 양성 및 재교육 비용 국가 부담여부 전체 분석결과 121
〈표 IV-55〉 북한이탈주민 및 청소년 영유아 교사 양성 및 재교육 비용 국가 부담여부 122
〈표 IV-56〉 영유아 교사 자격증 취득 후 남한 사회 이해를 위한 수습기간의 필요성 124
〈표 IV-57〉 영유아 교사 자격증 취득 후 남한 사회 이해를 위한 수습기간의 필요성 124
〈표 IV-58〉 북한이탈주민 및 청소년 출신 교사에 대한 신뢰 정도에 대한 평균 및 표준편차 · 126
〈표 IV-59〉 북한이탈주민 및 청소년 출신 교사에 대한 신뢰 정도 분석결과 126
〈표 IV-60〉 북한이탈주민 및 청소년 출신 교사에 대한 신뢰 정도 분석결과 127
〈표 IV-61〉 남북한 영유아교육 현장의 교류, 협력, 지원의 필요성에 대한 평균 및 표준편차 ·128
〈표 IV-62〉 남북한 영유아교육 현장의 교류, 협력, 지원의 필요성 전체 분석결과 129
〈표 IV-63〉 남북한 영유아교육 현장의 교류, 협력, 지원의 필요성 분석결과 129
〈표 IV-64〉 연령에 따른 남북한 영유아교육 분야의 교류, 협력, 지원 방식 131
〈표 IV-65〉 연령에 따른 남북한 영유아교육 분야의 교류, 협력, 지원 방식 전체 분석결과 · 131
〈표 IV-66〉 학력수준에 따른 남북한 영유아교육 분야의 교류, 협력, 지원의 방식 132
〈표 IV-67〉 경력수준에 따른 남북한 영유아교육 분야의 교류, 협력, 지원의 방식 133
〈표 IV-68〉 직업 및 신분에 따른 남북한 영유아교육 분야의 교류, 협력, 지원의 방식 ·· 134
〈표 V-1〉 4년제 대학교를 근간으로 한 통일한국의 유치원교사 양성 교육과정안 146
〈표 V-2〉 통일한국의 보육교사 양성을 위한 교과과정안 실예 148

그림목차

[그림-1] 내용타당도 평가를 위한 전문가용 문항 평가지 ········· 73
[그림-2] 내용타당도 산정을 위한 평정자 간 일치도 모델 ········· 74
[그림-3] 통일한국 개념의 동의정도에 대한 전체 분석결과 ········· 77
[그림-4] 통일한국 유치원교사의 양성기간에 대한 전체 분석결과 ········· 79
[그림-5] 유치원교사 명칭 사용에 대한 전체 분석결과 ········· 82
[그림-6] 통일한국 보육교사의 양성기간에 대한 전체 분석결과 ········· 84
[그림-7] 보육교사 명칭 통일에 대한 전체 분석결과 ········· 86
[그림-8] 통일한국 영유아 교사 양성 및 재교육 제도준비 전체 분석결과 ········· 89
[그림-9] 통일한국 영유아 교사의 자질에 대한 전체 분석결과 ········· 91
[그림-10] 통일한국 영유아 교사 양성 및 재교육 프로그램에서 강조할 내용요소 전체 분석결과 · 97
[그림-11] 통일한국 영유아 교사 양성 및 재교육과정에서 중요한 것 전체 분석결과 ····· 102
[그림-12] 현재 영유아 교사 양성 및 재교육과정에서의 등일교육 실시 정도 전체 분석결과 · 107
[그림-13] 현재 영유아 교사 양성 및 재교육과정에서 통일교육 내용의 추가 필요성 전체 분석결과 · 110
[그림-14] 기존 자격증의 교환 필요성에 대한 전체 분석결과 ········· 112
[그림-15] 자격증을 상호 교환할 때의 재교육 여부 전체 분석결과 ········· 114
[그림-16] 북한이탈청소년의 차세대 영유아교육 전문가 육성의 필요성 전체 분석결과 117
[그림-17] 북한이탈주민의 영유아 교사 양성 및 재교육 방안 전체 분석결과 ········· 119
[그림-18] 북한이탈주민 및 청소년 영유아 교사 양성 및 재교육 비용 국가 부담여부 전체 분석결과 · 122
[그림-19] 영유아 교사 자격증 취득 후 남한 사회 이해를 위한 수습기간의 필요성 전체 분석결과 · 124
[그림-20] 북한이탈주민 및 청소년 출신 교사에 대한 신뢰 정도 전체 분석결과 ········· 126
[그림-21] 남북한 영유아교육 현장의 교류, 협력, 지원의 필요성 전체 분석결과 ········· 129
[그림-22] 연령에 따른 남북한 영유아교육 분야의 교류, 협력, 지원 방식 전체 분석결과 ·· 131

I. 연구의 개요

01 연구목적 및 필요성

02 연구문제 및 내용

03 연구방법 및 절차

04 용어정의

05 연구관점의 기본적 전제

CHAPTER

I 연구의 개요

01 연구목적 및 필요성

1) 연구문제의 제기

새 정부가 출범하면서 표명된 '상생과 공영의 대북정책'에 나타난 '3000구상'의 추진목표는 남북경제공동체의 형성임을 대내외적으로 분명히 하면서 남북경협의 포괄범위를 경제, 교육, 재정, 인프라, 복지 5대 분야를 포함하여 외연을 확장한다고 밝히고 있다(민주평화통일자문회의, 2008; 오일환, 조용남, 2008). 민주평화통일자문회의(2008)에서 실시한 국민 여론조사 결과 중 통일교육에서 우선적으로 다루어야 할 사항으로는 '남북 간 평화와 안보의 중요성 교육'이 가장 높게 나타났고, 다음으로는 '한반도를 둘러싼 국제관계 이해', '통일의 필요성 등 통일의식 제고', '북한 실상 소개', '정부의 통일정책' 순으로 나타났다.

대북정책에 대한 국민적 합의기반 강화방안(오일환, 2008)에서는 다원화된 시민사회에서 성숙한 시민의식을 제고할 수 있도록 통일교육을 강화할 필요성을 제기하였다. 이를 위해서는 학교통일교육을 강화하고, 사회통일교육 활성화를 도모하기 위한 법·제도의 정비가 필요하며, 정보화 사회에 적합한 사이버 통일교육 시스템의 구축이 필요하고, 민주평통협의회와 통일부 통일교육위원을 연계한 통일교육의 체계화 및 활성화가 필요하다고 하였다. 또한 효율적인 통일교육 교재 및 교수법을 개발하고, 다양한 통일교육 콘텐츠를 확보하는 등 통일교육의 활성화를 위한 정부예산의 확보가 필요하다고 하였다.

그동안 교육 현장에서의 통일교육 방향은 정부의 통치이념에 따라 변화되어 왔으며, 연구의 시각도 그러한 틀 속에서 반공교육, 통일·안보교육, 통일교육으로 변화되어 왔다. 1990년 이후부터는 통일교육에 대한 연구의 관점도 북한 사회를 '있는 그대로' 바라보는 내재적 관점을 강조하는 분위기가 조성되었으며, 최근에는 통일교육의 기본적인 방향도 민족의 화해와 협력을 위한 교육, 민족의 동질성 회복을 위한 교육이 강조되고 있다.

우리나라의 통일은 언제, 어떻게 이루어질지 아무도 단언할 수 없다. 우리는 언제일지 모르는 통일한국에서도 여전히 우리의 문화유산과 사회적 가치관을 다음 세대에 전달하는 교육적 기능이 변함없이 수행되어야 한다(이은영, 1997). 특히 남북한이 60년 이상 서로 다른 이질적인 문화적 배경에서 살아온 우리 민족이 하나의 정치, 경제, 문화, 가치 속에서 삶을 꾸려나갈 수 있도록 하는 것도 결국 교육을 통해서만이 가능하다는 사실을 잊어서는 안 될 것이다. 그러기 위해서는 언제일지 모르는 통일의 순간을 대비하는 교육제도 및 정책을 준비해야 할 필요가 있다.

2007년 개정 유치원 교육과정에서도 북한에 대한 화해와 이해를 지향하는 교육으로 변화되었고, 통일 이후의 삶에 필요한 기초교육이 유아기 때부터 준비되어야 한다는 분위기가 조성되고 있다. 그러나 현장의 교사들은 통일교육에 대한 필요성이나 당위성은 인식하고 있지만, 통일교육의 바람직한 방향과 구체적인 내용 범주 및 활동에 대한 자료들이 미흡하여 통일교육에 많은 어려움을 겪고 있다. 특히 갑작스럽게 통일이 이루어졌을 때 남북한의 모든 교사들을 위해 적용할 수 있는 영유아 교원교육 제도 및 정책에 대한 연구가 체계적으로 이루어지지 못하였다.

갑작스러운 통일이 이루어졌을 때 이데올로기에 의해 심리적 충격을 당할 북한의 영유아 교사와 교육 현장의 피해와 충격을 최소화하고 교육의 본연의 자리매김이 가능하도록 점진적인 대안으로 교사 훈련과 교육 현장 교류를 확대해 나갈 수 있는 제도적 장치가 필요하다. 북한 사회가 개방될 때에 바람직한 유아교육 현장이 될 수 있도록 관련된 사전 작업(유아교육 리더 발굴 훈련, 유아교육 프로그램 개발, 유아교육 현직 교사 재훈련 과정, 영유아교육과정과 전문 교수요원 확충 등)을 영유아교육 전문가와 관련 단체들이 최대한 진행시켜 나가야 한다. 이를 위해서는 현재 북한에 거주하고 있는 현직 교사와 부모들도 수용할 수 있는 영유아교육과정을 위해서 탈북자 교사와 새터민 교사 지망생을 제도적으로 지원하여 한국 유아교육 현장에 적응하는 과정을 연구하고 그들과 함께 미래를 대비해 나갈 수 있는 통일시대의 교원교육 제도 및 정책 방향을 모색해야 한다.

2009년 1월까지 국내로 들어온 북한이탈주민(새터민)의 수는 1만 5천명이 넘어섰다. 이 가운데 여성이 66%를 차지하고 20~30대 젊은이들이 절반을 넘는다. 지역별로는 서울(34%), 경기(24%), 인천(9%) 등 일자리를 구하기 쉬운 수도권 지역에 대부분 거주하고 있다. 그러나 북한에서 취득한 기술만으로는 취업이 힘들고, 상대적 빈곤감이나 언어 및 문화의 차이로 인하여 적응에 실패하거나 삶에 어려움이 큰 것으로 알려져 있다. 현재 국내로 새로 들어온 새터민들은 하나원에서 남한 사회에 대한 적응을 위하여 12주의 기초교육을 받고 각 지역으로 배정되어 정착해 나간다. 하나센터는 하나원의 기초교육을 보완하여 사회복지사, 자원봉사자들이 새터민들의 실제 생활에 도움을 주기 위해 개설되었다. 경기도제2청에서는 그동안 북한이탈주민의 취업교육은 이들의 특성을 고려하지 못한 채 이루어져왔기 때문에 정작 당사자들은 효율적으로 교육 받기 어렵다는 지적에 따라 새터민에 대한 맞춤형 취업을 위해 힘쓰고 있다(조선일보, 2009.06.08; 조선일보, 2009.07.29).

2) 선행 연구동향

유아통일교육에 관련된 선행연구들로는 남북한 유아교육의 비교연구(이경화, 1996; 이원영, 최민수, 1998; 지성애, 김숙자, 1999; 최민수, 1993), 통일교육의 실태연구(김지영, 1996), 통일교육의 내용연구(김숙자, 2001; 지성애, 김숙자, 1998; 최민수, 김숙자, 지성애, 심정화, 2002), 통일교육의 방안모색 연구(박문갑, 2000; 서규선, 윤기영, 1995; 윤기영, 이미숙, 1995), 통일교육 현장 적용연구(최민수, 박혜숙, 2001; 이원영, 이태영, 이경민, 2001; 최민수, 김숙자, 지성애, 심정화, 2002; 김숙자, 지성애, 최민수, 서성미, 2003) 등이 이루어져 왔다.

통일에 대비한 교육제도 및 정책에 관한 선행연구로는 한국교육개발원(1993), 최영표, 한말길, 홍영란, 박재완(1993), 이은영(1997) 등의 연구가 이루어졌고, 북한의 교원 양성 제도 및 정책 연구로는 성영혜, 김수정(2001), 양옥승, 오미경(1995), 전정태(1996; 1997), 차우규(2003), 이시애(2006) 등의 연구가 이루어 졌다. 또한 남북한 교육 협력·교류에 관한 연구로는 한국교육개발원(2007), 윤종혁(2007), 신효숙(2007) 등의 연구가 이루어졌다. 그러나 통일한국 시대의 영유아 교원교육에 초점을 둔 연구는 매우 미흡하며, 영유아 교원교육 및 재교육을 위한 구체적인 정책 및 프로그램을 다룬 연구는 찾아보기 어렵다.

유아통일교육의 연구동향에 대한 한 연구(김숙자, 윤기영, 최민수, 2004)에서는 유아교육 현장에서의 통일교육에 대한 문제점을 지적하면서 다섯 가지 측면의 발전방향을 제시하였다. 첫째, 체계적인 유아통일교육 프로그램 개발이 필요하다. 둘째, 유아통일교육을 위한 교사교육 프로그램 연구가 필요하다.

셋째, 지역사회 및 가정과 연계된 유아통일교육 연구가 필요하다. 넷째, 실효성 높은 유아통일교육 현장적용 연구가 필요하다. 다섯째, 유아통일교육 교수-학습 자료 개발을 위한 연구가 필요하다. 따라서 이러한 연구동향 분석에서 제시된 유아통일교육의 발전방향에 따른 실천을 위해서는 통일한국의 모든 교원들에게 적용될 수 있는 체계적인 교육제도 및 정책 방향이 모색되어야 한다.

영유아 교원교육 프로그램 개발을 위한 콘텐츠 범주의 준거 설정을 위한 선행연구들을 살펴보면, 윤기영, 이미숙(1995)은 인간교육, 민주시민 교육, 평화교육 내용을 통하여 다양한 활동형태로 접근하였고, 이원영, 이태영, 이경민(2001)은 유아통일교육 내용체계를 자유민주주의 신념의 형성, 동질성 회복, 이질성 포용력 함양, 평화공존과 남북화해협력, 민주시민 교육으로 구분하여 5개 생활영역 내용체계에 따라 활동내용을 제시하였으며, 최민수, 김숙자, 지성애(2002)는 유아통일교육 내용요소를 민주시민 교육 함양 교육, 다문화 반편견 교육, 평화교육, 민족공동체의식 증진 교육으로 구분하여 유아교육 현장에서 적용할 수 있는 각각의 활동내용을 개발하여 제시하였다. 특히 민족공동체의식 증진 교육에서는 북한 사회 이해교육을 통하여 서로의 다름을 이해하고, 전통문화 교육과 자연환경 친화교육을 통하여 같음을 이해할 수 있는 하위 범주로 활동내용을 제시하였다.

또한 독일의 통일교육을 다룬 한 연구(김창완, 양금희, 윤재홍, 2002)에서는 통일 전 서독의 학교통일교육의 주요 내용 범주인 민주시민 교육, 평화교육, 국제이해교육, 민족교육 등을 중심으로 구분하였고, 동독의 경우에는 사회주의 이념 주입교육에 주력해 왔음을 밝히고 있다. 또한 통일독일 이후에는 서독의 통일교육을 기반으로 통일 후에 제기된 심각한 부적응과 갈등 문제를 해소하기 위한 다양한 노력으로 민주적 방식과 평화적 해결능력을 키워주는 데 주력하고 있음을 밝히고 있다(김숙자, 윤기영, 최민수, 2004). 따라서 향후 유아통일교육 프로그램 및 활동 개발 방향의 준거에는 지구촌 사회에 적절한 보편적 가치(민주시민 교육, 평화교육, 다문화 반편견 교육, 국제이해교육)와 한

반도의 특수성을 반영한 가치(민족공동체의식 증진 교육)를 포괄할 수 있어야 할 것이다.

3) 연구의 필요성

광복 이후 남북한 주민들은 이질화된 정치체계에 각각 적응하며 살아왔다. 통일한국에서 남북한 주민들이 '상생과 공영'하기 위해서는 서로의 이질적인 '다름'보다는 서로의 '같음'을 인식하고 공유할 수 있는 민족공동체의식을 확립하는 것이 가장 필요하다. 다양한 삶의 방식과 다른 문화에서 비롯되는 차이를 자연스럽게 수용하고 인정하면서 서로 조화와 통합을 이루는 것이 바로 진정한 상생과 공영이다.

'같음'에서 시작할 수 있는 통일교육은 남북한의 조상들이 5천년 동안 함께 계승해 온 전통문화를 함께 체험함으로써 민족공동체의식을 형성할 수 있는 기회를 증진시키고, 이러한 민족공동체의식을 통하여 유아기 때부터 북한 사회에 대한 올바른 태도를 기르도록 하여 지난 60년 이상 이질화된 문화의 간격을 줄여 나가는 노력을 통하여 민족의 동질성 회복에 기여할 수 있을 것이다. '다름'에서 시작할 수 있는 통일교육은 서로 다른 다양한 현상들을 '있는 그대로' 인정하고 수용할 수 있는 반편견 교육, 서로 다른 사람과 함께 협력하면서 평화롭게 살아갈 수 있는 민주시민 교육과 평화교육 등에서 실마리를 찾을 수 있다. 이러한 교육의 특성은 유아기 때부터 실시되어야 평생 동안의 의식과 태도로 정착되는 데 효과적이다.

남북한의 다름을 수용해 나가는 과정에서는 필연적으로 현재의 이질적인 현상, 다양한 편견, 고정관념 등에 직면할 수밖에 없다. 이러한 과정에서 만남을 시도하는 교수모형으로 반편견 교육과정 접근원리를 적용할 수 있다(김영옥, 1998; 이원영, 최민수, 1998; 최민수, 2000, 김숙자, 윤기영, 최민수, 2004). 1단계는 서로 만나서 다름을 알고, 알리는 노출 단계이고, 2단계는 서로의 통합 가능성을 인식하고 인정함으로써 편안함을 느끼는 단계이며, 3단계는 다름

속에서 서로의 같음을 발견하고 느껴보는 감정이입 단계이고, 4단계는 서로의 통합을 모색하고 실천방향을 찾는 활성화 단계이다. 이러한 접근방법을 통하여 서로의 이질적인 현상 등을 동질화해 나갈 수 있으며, 남북한 유아통일 교육의 유용한 방법이 될 수 있으며, 또한 통일시대 영유아 교원교육 및 재교육 프로그램에서도 반드시 필요한 내용 요소로 볼 수 있을 것이다.

특정 이데올로기의 이념 하에서 유아들을 위한 교육기관이 전국적으로 확대되어 실시되고 있는 북한이 어느 시점에서 개방이 되었을 때 현재 이데올로기가 그 국가의 확고한 이념이 되지 못하고 온 국민과 교사들이 방황하는 정신적 아노미 현상을 겪게 될 것으로 예상된다. 그때를 대비하여 유아교사들을 위한 체계적이고 단계적인 준비를 해 나가지 못하면 자라나는 유아들과 그 사회가 당할 위기는, 이루 말할 수 없는 혼란이 야기될 것이고 그 틈에 교육사업이라는 미명 하에 온갖 비교육적 상황이 발생할 수 있는 우려가 되는 상황이다. 이러한 두 가지 이유로 이웃해 있는 한민족으로서 그 사회를 위해 한국의 유아교육계는 역사적 사명을 가지고 적절한 대상자들을 발굴하여 집중적으로 준비하고 후원하며 대비할 수 있는 프로젝트를 진행해야 할 긴박한 현실적인 문제를 안고 있다.

현재 남한의 영유아 교원 양성은 이원화된 법체계에 따르고 있다. 하나는 영유아보육법에 의한 보육교사의 양성이고, 다른 하나는 유아교육법에 의한 유치원 교사의 양성이다. 현재 보육교사의 양성은 4년, 3년, 2년제 대학에서 보육교사 2급 자격증을 취득할 수 있고, 1년제 보육교사교육원에서 보육교사 3급의 자격을 취득할 수 있도록 규정하고 있다. 한편 유치원 교사는 기본적으로 2~3년제 대학, 4년제 대학교에서 필요한 전공과목과 교직과목을 이수하여 유치원 정교사(2급) 자격증을 취득할 수 있다. 북한의 경우에는 일원화된 어린이보육교양법에 따라 유치원 교양원과 탁아소 보육원을 양성하고 있다. 유치원 교양원의 양성은 기본적으로 3년제 교원대학에서 배출하나 농어촌에서는 교사가 부족하여 예외적으로 1년제 유치원 교양원 단기양성소를 운영하고 있다. 북한의 탁아소 보육원의 양성은 3개월, 6개월 과정의 보육전문학교, 고등전문학교 등에서 양성하고 있다.

따라서 통일한국에서는 다양한 영유아 교사의 양성기간을 고려하여 양성 및 재교육 기간을 조정할 필요가 있다. 초·중·고 교사와 마찬가지로 통일한국 시대 영유아 교사의 기본 학력을 4년제 학사학위 수준으로 규정하고, 현직 교사의 재교육을 위해서는 1~3년제 교육과정을 편입을 통한 정규 양성과정, 시간제 교육, 사이버 교육, 야간제, 계절제, 학점은행제, 방송통신 등 다양한 교육방법으로 재교육 받을 수 있는 제도를 구축하고, 필요한 시설과 비용을 한시적으로 국가에서 지원할 수 있는 법과 제도를 확립해야 할 것이다(유아교육법, 2008; 영유아보육법, 2008; 어린이보육교양법, 1976; 나정, 장명림, 박은실, 1998; 이원영, 최민수, 1998).

상술한 연구의 필요성에 기초한 본 연구의 목적은 남한과 북한의 현행 영유아 교원 양성 제도를 진단하고 그 결과와 관련 집단들의 실태조사에 따른 요구를 고려하여 통일한국의 영유아 교원 양성과 재교육을 위한 교육제도 및 정책의 방안을 모색하는 데 있다. 따라서 본 연구를 통하여 나타난 결과들은 '과정으로서의 통일한국'은 물론 '갑작스런 통일한국'에서 필요한 교원 양성 및 재교육에 관련된 정책을 개발하고 적용하는 데 유용한 기초자료를 제공함은 물론 구체적인 정책적 방안들도 제공하게 될 것이다.

02 연구문제와 내용

1) 연구문제

상술한 바와 같은 연구의 필요성과 목적에 따라 본 연구에서는 다음과 같은 구체적인 연구문제를 설정하였다.

(1) 남북한의 영유아 교원교육 제도 및 정책 실태는 어떠한가?

(2) 통일한국의 영유아교육을 위한 인적자원 육성과 남북한 교류, 협력, 지원 방안은 어떠한가?

2) 연구내용

상술한 연구문제를 규명하기 위하여 본 연구에서 다루고자 하는 연구의 주요 내용은 다음과 같다.

(1) 남북한 영유아 교원교육 제도 및 정책 실태 분석

1단계 : 문헌 분석을 통하여 통일한국의 영유아 교원교육을 위한 제도 및 정책 방안을 모색하기 위하여 현재 남북한에서 시행되고 있는 영유아 교원교육과 관련이 있는 자료를 수집 및 분석하여 주요 내용요소들을 추출한다.

2단계 : 영유아교육 관련 전문가 및 북한이탈주민 등을 대상으로 전국적인 설문조사를 실시한다. 설문조사 대상으로는 유치원 및 보육시설 교사, 원장 및 시설장, 유치원 및 보육시설 학부모, 장학사(행정가), 북한이탈주민을 포함한다. 주요 내용으로는 영유아 교원 양성 및 재교육 방안, 북한이탈주민의 영유아 교원 양성 방안 및 지원 방안 등을 포함한다. 특히 북한이탈주민을 대상으로 하는 설문조사에서는 남한 사회에 대한 이해 및 용어에 대한 이해의 어려움이 있을 것으로 예상되어 연구자가 직접 설문조사 대상자들을 만나 설문내용을 설명하고 궁금한 점을 질문 받으면서 설문을 실시하였다.

통일한국의 영유아 교원 및 행정가를 위한 제도 및 정책 방안을 모색하기 위해서는 현재 남북한에서 시행하고 있는 각종 교원연수 제도 및 정책은 물론 교원교육 및 재교육 프로그램을 분석하여 통일한국 시대에 필요한 자격교육,

직무교육, 자격증 교환교육, 승급교육, 특별교육 등의 다양한 제도를 구축해야 할 것이다. 영유아 교원교육 및 재교육 프로그램의 내용에는 기본적으로 건강, 위생, 영양, 안전에 대한 건강생활 요소를 기본으로 하여, 협력, 존중, 배려, 조망수용, 화목 등의 사회생활 요소, 다양한 전통문화 예술을 기본으로 하는 표현생활 요소, 기초적인 언어능력 개발은 물론 언어문화 이질화 해소를 위한 언어생활 요소, 독창성, 탐구력, 창의력을 증진시킬 수 있는 탐구생활 요소를 기본으로 하여 영유아 교원 양성 및 재교육 프로그램을 개발할 수 있다. 또한 글로벌 시대에 적합한 인재를 어릴 때부터 양성하기 위해서는 글로벌 사회의 보편적인 가치와 한국 사회의 독특한 가치를 함께 개발하고 발전시킬 수 있는 내용 요소를 조화롭게 반영해야 한다. 즉, 민주시민 교육, 민족공동체의식 교육, 전통문화 교육, 다문화 반편견 교육, 다양한 체험활동 교육, 기본생활습관 교육, 지역사회 및 부모교육, 영유아 교원평가, 유아교육기관 시설평가 등의 교육적 요소를 고려해야 할 것이다.

또한 통일한국의 충격을 완화시키기 위한 유용한 한 방법으로 북한이탈주민 인적자원을 대상으로 하는 영유아 교원 양성 및 재교육 방안에 대한 연구가 필요하고, 그들에게 어린이집, 유치원 취업 가능 자격증 부여 방안 연구도 필요할 것이다. 남북한에서 각기 다른 이데올로기의 영향 하에 성장하고 교육 받은 세대들이 공통의 기반을 발견하고 차이점을 인정하는 노력이 무엇보다 필요하다. 특히 개방이나 통일 이후에 북한 지역의 유아교육의 성공적인 정착을 위해서는 특정 정치이념, 종교적 언어 등을 사용하지 않고 서로 공감하고 이해할 수 있는 협력의 터전을 형성할 수 있도록 다양한 노력이 필요할 것이다.

(2) 통일한국의 영유아교육 인적자원 육성과 남북한 교류, 협력, 지원 방안 모색

① 북한이탈주민들의 남한 영유아교육 현장 취업과 재교육 방안 모색

첫째, 북한이탈주민을 대상으로 통일한국에 필요한 영유아교육 분야의 리더를 발굴 육성하여 취업 및 재교육 방안을 모색한다. 북한을 이탈하여 현재 남한 사회에서 적응하는 데 어려움을 겪고 있는 북한이탈주민 인적자원을 통일시대의 유능한 전문인으로 양성하는 동시에 그들의 능력을 개발하여 안정적인 정착을 도울 수 있다. 북한 유아교육을 경험한 탈북 교사들이 한국 유치원 교육 현장에 서서히 참여하면서 그들이 당하는 내면적 갈등과 문제 해결 과정을 스스로 해결해 나갈 수 있는 기회를 주는 것이 필요하다. 그들을 가르치려 하거나 우리 교육의 장점만을 수용하도록 하는 시도는 결코 바람직하지 않다. 시간이 걸리고 비용이 들더라도 그들이 서서히 우리 교육의 장점을 익히면서 자신들의 가치관과 이념을 점차 해소해 나가는 과정을 겪어야 한다. 이런 경험과 과정은 유아교육 전문가들에게 앞으로의 연구와 지원과 교육과정 개발에 가장 기본적인 연구 사례가 되고 그들의 조언과 의견을 참고하여 프로젝트를 성공적으로 이끄는 열쇠가 될 수 있다. 이들은 앞으로 통일한국의 북한 유아교육 전문가와 유아교사들의 연결자 역할을 해줄 수 있는 주체이다. 또한 이들 스스로가 겪은 경험과 회복 과정이 앞으로 경험할 북한 교사들의 선험적 사례가 될 수 있다.

둘째, 북한이탈청소년 중에서 영유아 교사 대상자를 선발하여 지원한다. 북한에서 자라고 남한에 와서 대학에 진학을 할 청소년 중에 영유아 교사 희망자를 선발하여 영유아 교원 양성 대학에서 성공적으로 잠재능력을 실현해 나갈 수 있도록 멘토를 두어 전공과목, 교직과목 등 필요한 교과목을 이수하고, 참관실습, 참여실습, 교육실습 과정을 거쳐 고사자격증을 취득하기까지의 모든 과정에서 조력할 수 있도록 한다. 교사자격증을 취득한 후에는 남한 사회의 적응을 위하여 수습교사, 보조교사, 특화활동 교사 등의 임무를 수행하면

서 점차적으로 적응과정을 거치면서 충분한 경험을 쌓을 수 있는 기회를 제공할 필요가 있다.

② 남북한 영유아교육 현장 지원, 교류, 협력 방안 모색

첫째, 북한 영유아교육 현장을 지원한다. 인도적 차원에서 복지와 교육 자료 등을 최대한 지원하여 개방 전에도 북한 유아교육자들로 하여금 남한의 유아교육에 대한 호의적인 마음과 호기심을 가질 수 있도록 다방면의 물적 지원이 꾸준히 진행되어야 한다.

둘째, 남북한 영유아 전문가 집단의 교류 방안을 모색한다. 남북한의 차이를 있는 그대로 인정하고 존중하며 서로의 차이에 대한 이해의 공감대를 확대시킬 수 있도록 유아교육기관을 상호 관찰 할 수 있는 교류의 기회를 갖거나, 온라인을 통한 교육방법 및 교육계획안의 교류, 영유아들의 작품 교류, 전문가 집단의 학술교류, 예비교사들의 수학여행 등 다양한 교류 방안을 모색할 수 있다.

셋째, 영유아교육을 위한 남북한 전문가들의 공동 연구가 필요하다. 변화하는 정치적 상황을 대비한 영유아교육 프로그램 개발을 합의하여 진행하는 발전적인 연구 풍토와 환경을 구축하는 일이 위의 모든 단계를 종합적으로 실천할 수 있는 단계이다.

03 연구방법 및 절차

1) 관련 문헌 및 자료 수집·분석

통일한국의 영유아 교원 양성과 재교육 제도를 모색하기 위하여 현재 남북한 영유아 교원 양성 제도와 관련이 있는 문헌 및 선행 연구자료의 수집 및 분

석을 통하여 다음과 같은 내용을 분석하였다.

- 남북한 영유아 교원 양성 자격증 취득 과정
- 남북한 영유아 교원 양성 프로그램
- 남북한 영유아 교원 재교육 제도 및 프로그램
- 남북한 영유아 교원 양성 체제의 현황 및 문제점
- 통일한국의 영유아교육 현장 협력, 교류, 지원 방안

2) 설문조사

통일한국의 영유아 교원 양성 및 재교육 제도를 모색하기 위하여 예비교사, 교원, 장학사(행정가), 학부모, 북한이탈주민을 포함하여 1,070명을 대상으로 설문조사를 실시하였다. 설문조사 내용은 문헌연구를 통하여 나타난 남북한 영유아 교원 양성 및 재교육에 관련이 있는 내용을 중심으로 다음과 같이 총 24문항으로 구성하였다.

- 인구사회학적 기초 변인 : 4문항
- 통일한국 영유아 교원 양성 및 재교육 방안 : 13문항
- 북한이탈주민 지원 방안 : 5문항
- 남북한 교류, 협력, 지원 방안 : 2문항

3) 전문가 협의회 개최

전문가들의 의견을 수렴할 목적으로 진행 중인 연구 프로젝트의 내용을 세 차례에 걸쳐 발표하면서 7인 토론자들의 다양한 의견을 수렴하여 최대한 반영하였다.

(1) 1차 협의회

- 개회일시 : 2009년 4월 25일 토요일 14:00
- 개최장소 : 경북대학교 4강의동 501호
- 주제발표 : 통일시대 영유아 교원교육 제도에 관한 연구
- 주제토론 : 한만길(한국교육개발원 통일교육실장), 차승주(춘천교육대학교 교수)
- 핵심내용 : 남한 교육과정에 북한이해교육이 필요하다. 엄격한 교사승급제도는 북한 제도의 강점이다. 새터민에 대한 다문화 반편견 교육이 필요하다. 통일한국의 개념 정의가 필요하다. 한 순간의 통일뿐만 아니라 서서히 통일해 나가는 통일상황도 통일한국으로 보아야 한다. 교류, 협력, 왕래하는 것도 과정으로서의 통일한국으로 볼 수 있다. 교원자격의 호환교육이 필요하다.

(2) 2차 협의회

- 개회일시 : 2009년 10월 24일 토요일 14:00
- 개최장소 : 이화여자대학교 ECC B140호
- 주제발표 : 통일한국 시대의 영유아 교원 양성 및 재교육 방향모색을 위한 실태조사
- 주제토론 : 권성아(평화한국 평화연구소 소장), 김상무(고려대학교 교수)
- 핵심내용 : 통일된 모습은 무엇이어야 하는가? 통일한국에서 어린이들은 어떤 모습으로 살아갈 것인가? 통일한국에 필요한 인재양성을 위해서는 특수목적 대학의 설치나 지역거점 교육대학교 등에 통일교육학과의 설치가 필요하다. 통일교육 대상을 남측과 북측으로 구분하여 논의할 필요가 있다. 북한이탈청소년이 영유아 교사 자격증을 취득할 때, 멘토가 왜 필요하

고 중요한지를 설명해야 할 것이다. 북한의 제도를 어느 정도 알려주면서 설문조사를 해야 할 것이다.

(3) 3차 협의회

- 개회일시 : 2009년 11월 3일 화요일 13:00
- 개최장소 : 은행회관 국제회의실
- 주제발표 : 다문화 사회에서의 영유아 교원 양성
- 주제토론 : 이미정(여주대학 교수), 임희옥(한국보육정책학회), 정선아(숙명여자대학교 교수)
- 핵심내용 : 보육교사 및 유치원 교사 양성기간을 모두 4년으로 하는 것이 바람직할 것이다. 영유아의 가치관 형성에 영향을 주는 주교사에 대한 염려가 있기 때문에 북한 이탈자들을 자문역할자로 활용하는 방안이 좋을 것 같다. 새터민 가정도 다문화 시대의 가정의 범주에 넣어야 할 것이다. 새터민은 다양한 소수집단 등과 같이 소수자 집단으로 인식하는 것이 바람직하다. 새터민에 대해서는 동정심을 가지고 있으면서 한편으로는 의심과 불신이 혼재된 감정을 갖고 있다. 통일에 대비하여 사전에 준비하지 않으면 심각한 어려움을 겪게 될 것이다. 새터민에 대한 이중적인 태도를 보이고 있다. 새터민을 위한 유아교육기관의 지원방법은 첫째로 유아를 위한 교육프로그램을 만드는 것이 필요하고, 다음으로는 새터민 부모들을 정서적으로 지원하는 부모교육 프로그램을 마련하는 것이 필요할 것이다. 새터민 유아교사 양성 과정에서는 자본주의 사회 정착을 위한 경제교육이 필요할 것이다. 북한이탈주민 및 청소년을 영유아 교사 자격증을 취득하게 한 후 보조교사나 부담임으로 채용하는 방안이 좋을 것이다.

04 용어정의

1) 통일한국

연구에서 사용하고 있는 통일한국에 대한 용어의 정의를 위해서는 두 가지 측면의 통일접근 방식에 대한 논의가 전제될 필요가 있다. 하나는 갑작스런 한 순간의 통일을 전제한 통일한국을 고려할 수 있다. 통일독일의 경우와 같은 갑작스런 한 순간의 통일한국 시대가 도래하는 경우에는 북한을 이탈하는 난민으로 인한 엄청난 사회적, 경제적 혼란과 후유증이 야기될 수 있을 것이다. 물론 그런 시나리오를 대비한 통일교육 제도와 정책의 개발도 필요할 것이다. 다른 하나는 과정으로서의 통일상황을 전제한 통일한국을 고려할 수 있다. 점진적으로 남한과 북한이 다양한 분야에서 서로 왕래하고 교류하고 협력하면서 서서히 통일해가는 과정으로서의 통일상황 전개 과정을 통일한국 시대로 간주하는 통일교육 제도와 정책의 개발도 필요할 것이다. 이러한 두 가지 측면의 논의를 고려해 볼 때, 본 연구에서 사용하고 있는 '통일한국'에 대한 정의는 상술한 두 가지 관점을 모두 포함하고 있다. 즉, 기본적인 연구의 방향은 서서히 통일해가는 '과정으로서의 통일'을 의미하는 통일한국은 물론 '갑작스런 한 순간의 통일'의 의미하는 통일한국에 필요한 통일교육 제도 및 정책을 개발하는 것이다.

2) 북한이탈주민

논문에서 사용하고 있는 북한이탈주민에 대한 용어는 보통 탈북자, 새터민 등의 다양한 용어로 사용되고 있다. 북한을 이탈하여 하나원 등에서 기초적인 적응교육을 받은 후 전국적으로 흩어져서 현재 남한 사회에서 정착해 나가고 있는 주민을 의미한다. 본 연구에서는 이러한 집단을 총칭하는 말로 주로 북한이탈주민이란 용어를 사용하면서 필요시에는 문맥에 따라 새터민이란 용어를 사용하기도 한다. 조금씩 다르게 사용되고 있으나 똑같은 집단을 지칭하는 의미로 사용한다.

05 연구관점의 기본적 전제

본 연구에서는 크게 세 단계로 진행되었다. 첫째, 문헌분석을 통하여 현재 남북한의 영유아교육 관련 내용을 밝히고, 둘째, 설문조사를 통하여 통일한국의 영유아 교사 양성과 재교육 제도 및 정책 방안에 대한 의견을 수렴하며, 셋째, 문헌분석 내용과 설문조사 내용을 바탕으로 통일한국의 영유아 교사 양성과 재교육 제도 및 정책을 제안하는 것이다.

연구 진행과정에서의 기본적인 연구관점은 남한이 주체가 되어 북한의 모든 제도와 정책을 남한의 제도와 정책으로 흡수하여 통합한다는 전제에서 이루어졌다. 따라서 본 연구에서는 남한의 교육논리에 기초하여 가능한 한 있는 그대로의 북한의 교육제도 및 정책을 이해하려 노력하였다. 통일한국의 영유아 교원 양성과 관련된 제도는 통일한국의 교육이념, 남북교육제도의 통합 원칙과 방향 및 전략적 과제에 대한 검토가 이루어지고 이에 따른 절차를 논의해 나가는 것(윤종혁, 이찬희, 이석희, 신효숙, 박영은, 2007)이 좀 더 실현가능한 제안이 될 수 있을 것이라는 제안이라든가, 또한 통일한국의 영유아 교원에 대한 기대는 무엇이고, 어떠한 가치가 지켜지고, 어떠한 가치가 수용될 수 있는지에 대한 연구가 필요하다는 제안(정선아, 2009) 등에 대해서는 후속 연구의 과제로 남겨 두기로 하고 본 연구에서는 통일한국의 영유아 교원 양성과 재교육을 위한 제도 및 정책 방안을 모색하는 데에 초점을 두고자 한다.

Ⅱ. 남북한 영유아 교원 양성과 재교육 제도 및 정책 실태

01 남북한의 영유아 교원 양성제도 및 정책

02 남북한의 영유아 교원 재교육 제도 및 정책

CHAPTER

II 남북한 영유아 교원 양성과 재교육 제도 및 정책 실태

통일한국 시대에 영유아교육의 질을 높이는 길은 영유아 교원의 질을 높이는 것이다. 교육의 질은 교사의 질을 능가하지 못한다는 말에 대한 의미와 마찬가지로 교원의 질은 교원교육의 질을 능가하지 못할 것이다. 따라서 통일한국의 질 높은 영유아교육을 위해서는 무엇보다 질 높은 영유아 교원의 양성과 재교육 제도 및 정책을 마련하는 것이 중요하다. 이를 위하여 먼저 현재 남북한에서 시행되고 있는 영유아 교원 양성 및 재교육에 대하여 살펴보고자 한다.

01 남북한의 영유아 교원 양성제도 및 정책

통일한국의 영유아 교원 양성제도 및 정책 방안을 모색하기 위해서는 현행 남북한 영유아 교원 양성제도 및 정책을 살펴본 후 이를 바탕으로 통일시대의 제도 및 정책 방안을 수립해야 할 것이다. 현재 남한 영유아 교원의 양성과 재교육은 기본적으로 '유아교육법'에 따른 유치원 교원의 양성 및 재교육, '영유아보육법'에 따른 보육시설 교원의 양성 및 재교육과정으로 2원화된 체제에서 이루어지고 있다. 그러나 북한의 경우에는 1원화된 '어린이보육교양법'에 따라 유치원 교양원의 양성 및 재교육, 탁아소 보육원 양성 및 재교육과정으로 운영되고 있다(유아교육법, 2009; 영유아보육법, 2009; 어린이보육교양법, 1976).

통일한국의 유아교육 대상은 연령으로 이원화하는 방안이 바람직할 것이다. 원칙적으로 유치원 입학 연령은 4세, 5세 유아로 규정하고, 보육시설 입학 연령은 원칙적으로 3개월, 6개월, 1세, 2세 영아로 규정하며, 만 3세 연령은 유치원이든 보육시설이든 수요자의 요구와 사정에 따라 탄력적으로 수용하는 것이 바람직할 것이다. 현재 남한의 유아교육법, 영유아보육법, 북한의 어린이보육교양법 등은 통일한국 시대에 단일화된 법이든, 이원화된 법이든 관계없이 연령으로 이원화하면 큰 문제가 없을 것이다. 3, 4, 5세 유아의 교육은 유치원 교사가 담당하고, 3개월, 6개월, 1세, 2세, 3세 영아는 보육교사가 담당하는 것이 바람직할 것이다.

이러한 연령의 이원화 제도와 정책은 이미 많은 나라에서 시행하고 있고, 현재 일원화 정책을 시행하고 있는 여러 국가에서도 일원화 방안으로 모색하고 있으며, 우리나라에서도 유보통합에 대한 논의가 상당한 정도 이루어지고 있다. 이러한 경향은 교육과 보육의 질을 높이려는 사회적 요구를 수용하는 과정에서 전문화된 시설·설비, 발달단계에 적합한 프로그램, 대상 연령에 따른 교사의 전문성이 요구되기 때문이다.

1) 유치원 교원 양성제도 및 정책

통일한국 시대의 유치원 교원 양성제도 및 정책을 모색하기 위해서는 현재 남북한에서 시행되고 있는 유치원 교사(교양원) 양성제도 및 정책과 교사교육 프로그램을 살펴보고, 이를 바탕으로 통일한국 시대의 영유아 교원 양성 제도 및 정책 방향을 모색해야 할 것이다.

(1) 남한의 유치원교사 양성

① 남한의 유치원교사 양성제도 및 정책

유치원교사 양성을 위한 자격기준은 유아교육법 제22조 2항에 제시되어 있다. 유치원 정교사(2급) 자격증을 취득하기 위해서는 전문대학 동등 이상의 대학에서 유아교육과, 아동학과 등에서 전공과목과 교직과목을 이수하고 학점을 취득해야 한다. 이러한 자격기준에 근거하여 유치원 교사의 양성은 2~3년제 전문대학과 4년제 대학교의 사범대학이나 일반대학 유아교육과, 아동학과, 아동복지학과, 아동소비자학과, 아동가족학과, 영유아보육과 등에서 하고 있다. 그동안 유아교육 관련 학과에서는 정원의 30% 이내에서 유치원 2급 정교사 자격을 부여하였으나, 1998년 이후 개설된 학과부터 10% 이내에서 유치원 정교사(2급) 자격증 받을 수 있도록 하다가 최근에는 관련 학과 모두 정원의 10% 이내에서 유치원 정교사(2급) 자격을 받을 수 있도록 법이 개정되었다.

2009년을 기준으로 볼 때 유치원 교사 양성과정은 4년제 대학교 61개, 2~3년제 전문대학에 105개 학과, 그 밖에 한국방송통신대학교 1개 학과에서 교사를 양성한다. 2009년도 입학 정원을 볼 때 4년제 대학교에서는 1,991명, 전문대학 9,028명, 한국방송통신대학교 2,700명으로 나타나 있다. 2009년 기준으로 13,719명의 유치원 교사 정원이 대학교 및 전문대학 등으로 입학하였다. 그 밖에 2~3년제 전문대학의 38개의 아동학과 관련 학과에서 10% 정도의 유치원 교사자격을 취득하는 정원을 감안하면 더 많은 유치원 교사가 배출된다는 것을 알 수 있다. 2009년도 기준으로 본 유치원 교사 양성대학 및 양성인원 정원은 〈표 II-1〉에 제시된 바와 같다.

<표 II-1> 2009년도 유치원 교사 양성대학 및 양성인원 정원

단위: 개(명)

구분		전체	전문대학(2~3년제)	4년제 대학교	한국방송통신대학교
유치원 교 사	국립	13(3,124)	3(174)	9(250)	1(2,700)
	사립	153(10,595)	102(8,854)	51(1,741)	0(0)
	전체	166(13,719)	105(9,028)	60(1,991)	1(2,700)

출처: 2009년도 전문대학 교육과정개발 연구보고서. 10쪽을 참고하여 재구성

② 남한의 유치원교사 양성 프로그램

남한의 대학에서 유치원교사 자격증을 취득하기 위해서는 교양과목, 전공과목, 교직과목을 이수하여야 한다. 교양과목은 전문인을 양성하는 대학의 모든 프로그램에서 필수과정으로 규정하고 다양한 영역의 기초상식을 배울 수 있는 인성교육을 위한 과정으로 편성하고 있다. 전공과목은 전문인으로서의 교사역할을 잘 수행하기 위해 기초가 될 수 있는 학과목으로 구성된다. 유아교육개론, 유아교육과정, 유아발달, 아동교육철학, 유아건강교육, 유아사회교육, 유아언어교육, 유아수과학교육, 유아미술교육, 유아음악교육, 부모교육, 유아교사론 등이 여기에 해당된다.

또한 교직과목은 교육과학기술부의 교원 양성 과정을 인가받은 대학에서 교사자격 취득을 희망하는 예비교사들에게 교육학 계통의 교과목으로 교육학개론, 교육심리학, 교육사회학, 교육과정, 교육평가, 교육행정, 교육철학, 교육방법, 교육철학 및 교육사, 특수아동의 이해, 교직실무, 교육봉사, 교육실습 등이 포함되어 있다. 특히 교육실습은 교사로서 갖추어야 할 기본적인 지식, 태도, 기술 등을 실제 현장에서 배우는 과정으로 유치원 교사양성 과정에서 중요하게 인식되고 있다.

대학별 양성과정 학점편성 비교

대학별 양성과정 학점편성 비교자료는 〈표 II-2〉에 제시된 바와 같다.

<표 Ⅱ-2> 2005년 대학별 양성과정 학점편성 비교

단위: 학점

교육연한	교과목 및 학점						
	교양 과목	전공과목			일반선택	교직과목	졸업 최저 이수학점
		필수	선택	계			
4년제 유아교육과	21~48	12~33	23~65	48~90	32~53	15~22	140~144
4년제 유아교육 관련 학과	34~35	3~17	33~53	36~70	22~34	15~22	126~140
3년제 유아교육과	10~34	4~45	35~84	81~95		19~29	123~142
2년제 유아교육과	8~21	2~21	15~67	51~82		16~25	80~104

상술한 대학별 양성과정 학점편성의 특징을 살펴볼 때 교양과목은 2~3년제 유아교육과에 비하여 4년제 유아교육과 및 아동 관련 학과에서 훨씬 더 많은 학점을 배정하고 있다. 전공과목의 편성비율을 보면 3년제 유아교육과에서 가장 많은 학점을 편성하여 운영하고 있다. 교직과목은 대체적으로 비슷한 수준의 학점으로 편성하고 있고, 일반선택 과도에 있어서는 2~3년제 전문대학에서는 학점을 편성하지 않고 4년제 대학에서만 편성하여 운영하고 있다. 한 가지 두드러진 점은 4년제 유아교육과 관련 학과에서는 4년제 유아교육과에 비하여 졸업 최저이수학점을 다소 적게 편성하여 운영하고 있다는 것이다.

4년제 대학교 유아교육과 교과과정 운영의 예시

2009년 입학기준 4년제 G대학교 유아교육과 전체 학점편성 비율 예시자료, 2009년 입학기준 4년제 G대학교 유아교육과 전공 및 교직(소양) 학점 편성 예시 자료는 〈표 II-3〉, 〈표 II-4〉에 제시된 바와 같다.

<표 Ⅱ-3> 4년제 G대학교 유아교육과 전체 학점편성 비율 예시 자료(2009년 학번 기준)

단위: 학점

<table>
<tr><th rowspan="3">교육 연한</th><th colspan="10">교과목 및 학점</th></tr>
<tr><th colspan="3">교양과목</th><th colspan="4">전공과목</th><th rowspan="2">일반선택</th><th rowspan="2">교직과목</th><th rowspan="2">졸업 최저 이수학점</th></tr>
<tr><th>필수</th><th>선택</th><th>계</th><th>기초</th><th>필수</th><th>선택</th><th>계</th></tr>
<tr><td>4년</td><td>10</td><td>20</td><td>30</td><td>21</td><td>6</td><td>63</td><td>90</td><td>21</td><td>26</td><td>140 이상</td></tr>
<tr><td>비율</td><td colspan="3">21%</td><td colspan="4">64%</td><td>15%</td><td>19%</td><td>100%</td></tr>
</table>

4년제 G대학교 유아교육과의 전반적인 학점편성을 볼 때 졸업 최저 이수학점은 140학점 이상으로 편성되어 운영되고 있다. 이 중 교과목 특성에 따른 비중은 전공과목 90학점, 교직과목 23학점, 교양과목 30학점, 일반선택 21학점으로 편성되어 있다. 졸업요건으로는 교양필수 10학점 이상, 교양선택 6영역 중(1영역 언어와 문학, 2영역 역사철학 문화, 3영역 정치와 사회, 4영역 법과 경제, 5영역 과학기술 정보, 6영역 예술과 건강) 4영역 이상에서 20학점 이상을 취득하도록 규정하고 있다. 또한 전공학점은 60학점 이상을 취득해야 하고, 교직과목은 22학점 이상으로 규정하고 있다.

예시 자료에 제시된 2009년도 입학기준 4년제 G대학교 전공 및 교직 교육과정의 특징을 볼 때 전공과목은 87학점으로 전공기초 21학점, 전공필수 6학점, 전공선택 60학점으로 편성하여 운영하고 있다. 2009입학 대상자부터 교육과학기술부의 지침에 의하여 '교과논리 및 논술' 학과목을 전공필수로 새로 추가하고, '교과교재연구법 및 지도법'과 '교과교육론' 2개 과목이 교직과목에서 전공필수 과목으로 전환되었으며, '생활지도 및 상담' 과목이 교직과목으로 추가되었고, '교육과정 및 교육평가' 학과목은 '교육과정', '교육평가' 학과목으로 분리되었다.

<표 Ⅱ-4> 4년제 G대학교 유아교육과 전공 및 교직(소양) 교육과정 예시 자료 (단위: 학점)

학년	전공기초	전공필수	전공선택	교직(소양)	학점계
1	유아교육개론(3) 아동발달(3)			교육학개론(2)	8
2			아동건강교육(3) 아동미술(3) 유아언어교육(3) 인지발달론(3) 기악(3) 아동안전관리(3) 아동복지(3) 유아과학교육(3) 유아수학교육(3) 교수매체(3)	교육심리학(2) 교육사회학(2) 교육방법 및 교육공학(2) 생활지도 및 상담(2)	38
3	유아교육과정(3) 유아놀이지도(3) 유아음악교육(3)	교과교육론(2)	유아사회교육(3) 아동문학(3) 유아컴퓨터교육(3) 동요반주법(3) 현장연구(3) 유아동작교육(3)	교육과정(2) 교육평가(2) 교육행정 및 교육경영(2) 교육철학 및 교육사(2) 특수교육학 개론(2)	39
4	부모교육론(3) 유아교사론(3)	교과교재연구 및 지도법(2) 교과논리 및 논술(2)	유아교육철학(3) 장애아통합교육(3) 유아교육기관운영 관리(3) 유아연구(3)	교직실무(2) 학교현장실습(2) 교육봉사활동(2)	28
학점 합계	21	6	60	26	113

* 본 교과과정표는 4년제 G대학교 유아교육과 교육과정표를 근간으로 하여 2009년도 입학생들부터 적용되는 교육과학기술부에서 규정하고 있는 내용이나 개편 주안점을 고려하여 효율적으로 운영할 수 있는 방향을 모색하여 새롭게 재편성하여 구성한 자료임.

교직과목은 크게 교직이론, 교직소양, 교육실습으로 구분된다. 교직이론 9개 과목은 교육학개론, 교육심리학, 교육사회학, 교육과정, 교육평가, 교육방법 및 교육공학, 교육행정 및 교육경영, 교육철학 및 교육사, 생활지도 및 상담 학과목으로 구성되고, 교직소양 2개 과목은 특수교육학 개론, 교직실무 학과목이 추가되었으며, 교육실습 2개 과목은 학교현장실습, 교육봉사활동 학과목으로 편성하여 운영하고 있다. 교육과학기술부에서 규정하고 있는 교직학점 22학점 이상 학점을 4학점을 초과하여 편성하여 운영하고 있다.

학년별 전체 전공 및 교직과목 학점편성 비율을 살펴보면 1학년에 8학점, 2학년에 38학점, 3학년에 39학점, 4학년에 28학점으로 편성하고 있다. 교양과목 30학점은 주로 1학년에 집중적으로 편성되고, 2학년에 일부분을 편성하여 운영하고 있다.

전문대학 유아교육과 교과과정 운영의 예시

2009년 입학기준 3년제 전문대학 유아교육과 전체 학점편성 비율 예시자료는 〈표 II- 5〉, 〈표 II-6〉에 제시된 바와 같다.

<표 II-5> 3년제 전문대학 유아교육과 전체 학점편성 비율

단위: 학점

교육연한	교과목 및 학점				
	교양과목	전공과목	일반선택	교직과목	졸업 최저 이수학점
3년	24~30 이상	65~74 이상		22~25 이상	120 이상
비율	20~25%	18~21%		54~62%	100%

* 교육과학기술부·전국전문대학교육협의회(2009). 2009년도 전문대학 교육과정 개발 연구보고서. 전문대학 유아교육과 교육과정. 124-169 참고하여 연구자가 재구성하였음.

3년제 전문대학 유아교육과 전체 학점편성은 교양과목, 전공과목, 교직과목으로 편성하여 120점 학점을 졸업 최저 이수학점으로 규정하여 운영하고 있다. 앞에서 예시 자료로 들었던 4년제 G대학교 유아교육과 교육과정과 비교해 볼 때 일반선택 21학점이 편성되지 않았다는 점에서만 차이를 보이고 있다. 전공과목에 있어서는 4년제 G대학교에서는 87학점을 개설하여 운영하고 있고, 전문대학에서는 83학점으로 운영하고 있다. 교육과학기술부의 규정에서는 60학점 이상을 전공학점 최저 이수학점으로 규정하고 있다.

<표 Ⅱ-6> 3년제 전문대학 유아교육과 전공 및 교직(소양) 교육과정 예시 자료 (단위: 학점)

학년	전공기초	교과전공	전공선택	교직(소양)	학점계
1	유아교육론(3) 아동발달(3) 유아음악교육(3)	교과논리 및 논술(2)	기본생활지도(2) 유아미술교육(3) 유아컴퓨터교육(3) 기악 Ⅰ, Ⅱ(2)	교육학개론(2) 교육철학 및 교육사(2) 교육심리(2)	27
2	유아놀이지도(3) 유아교육과정(3)	교과교육론(3)	유아사회교육(3) 유아건강교육(3) 유아동작교육(3) 유아언어교육(3) 유아과학교육(3) 유아수학교육(3) 보육실습(2) 유아감성교육(3) 동요반주법(3)	교육과정(2) 생활지도 및 상담(2) 교육평가(2) 특수교육학개론(2)	43
3	유아교사론(3) 부모교육론(3)	교과교재연구 및 지도법(3)	아동복지(3) 영유아프로그램(3) 정신건강론(3) 아동생활지도 및 상담(3) 아동연구(3) 유아교육기관운영 관리(3)	교육방법 및 교육공학(2) *교육사회(2) *교육행정 및 교육경영(2) 학교현장실습(2) 교직실무(2) 교육봉사활동 (2 : 60시간 이상)	35 (39)
학점 합계	21	8	54	22(26)	105 (109)

* 교육과학기술부·전국전문대학교육협의회(2009). 2009년도 전문대학 교육과정 개발 연구보고서. 전문대학 유아교육과 교육과정. 124-169 참고하여 연구자가 재구성하였음. 전공기초, 교직(소양) 학과목 편성은 4년제 G대학교에 비교할 수 있도록 재구성하여 제시하였음. 또한 * 표시가 된 교육사회(2), 교육행정및교육경영(2) 과목은 개설을 권장하는 교직과목의 예를 나타낸 것임.

(2) 북한의 유치원 교양원 양성

① 북한의 유치원 교양원 양성 제도 및 정책

북한의 유치원 교양원은 원칙적으로 각 시·도에 설치되어 있는 22개의 3년제 교원대학 교양원학과에서 양성하고 있다. 교원대학은 1972년부터 11년제 의무교육으로 학제가 개편되면서부터 3년제르 바뀌어 현재의 소학교 교사와 유치원 교양원을 양성하고 있다. 북한 전국에 산재해 있는 교원대학은 평양, 남포, 해주, 원산, 함흥, 청진 등에는 제 1교원대학과 제 2교원대학이 설치되어 있고, 혜산, 강계, 개성, 선천, 사리원, 회령, 평성, 북청, 신의주, 신포 등에는 각각 1개씩의 교원대학을 두고 있다.

그러나 농어촌 지역에서는 근무할 교양원이 부족할 경우에 일시적으로 시·도·군에서 운영하는 1년제 교양원양성소를 설치하여 유치원 교양원을 양성하고 있다. 교양원양성소 중 도에서 설치하여 운영하는 교양원양성소에서는 자격증을 부여하지만, 시·군에서 운영하는 교양원양성소 출신자에게는 임시자격증을 부여하여 우선 교양원으로 임명되어 근무하면서 의무적으로 통신교육을 받게 한 후 국가검정시험을 거쳐 자격증을 취득하도록 규정하고 있다. 보통의 경우 현직에 근무하면서 학기 중에는 통신교육을 통하여 교육하고, 방학 중을 이용하여 재교육반을 위한 교육과정을 운영하여 필요한 학점과 자격을 갖추어 대학수준의 교육력을 보충하고 있다(어린이보육교양법, 1976; 전정태, 1996; 최민수, 1996; 이은희, 2009; 최영실, 2009).

북한에서는 '사회주의 교육에 관한 테제'를 교육의 종합 지침서로 삼고 있으며 교원 양성 대학에도 그대로 적용하도록 하고 있다. 주체사상을 표명하면서 교원대학 학생들을 사회주의·공산주의 건설에 참된 후비대로 교육 및 교양하고, 교육사업에 사회주의 교육학 원리를 철저히 구현하기 위하여 정치사상교육을 강화하고 있으며, 교육내용에 있어서도 인간을 혁명화, 노동계급화하여 지, 덕, 체를 겸비한 전면적으로 발달된 공산주의적 인간으로 키울 것을 목표로 하고 있다. 이를 위하여 정치사상교양, 과학기술교육, 체육교육을 강조하고 있다. 또한 주요 교육방법으로는 깨우쳐 주는 교수 교양, 이론과 실천교육, 교육과 생산노동의 결합, 조직생활과 사회 정치활동의 강화, 학교교육과 사회교육의 결합, 취학전교육, 학교교육, 성인교육의 병진을 중요하게 다루고 있다(전정태, 1996; 최민수, 1996).

② 북한 유치원 교양원교육 프로그램

북한에서는 유치원 교양원 양성과정에서 교사로서의 자질과 품성을 지닌 교사로 교육하는 데 중점을 두고 있기 때문에 교육과정에서 예능분야의 비중이 비교적 높다. 주로 음악, 미술, 무용 등의 예능과목을 중시하고, 주요 교과목으로는 김일성 혁명역사, 김일성과 김정일의 어린 시절, 주체철학, 교육학, 아동문학, 외국어, 각과교수법, 음악, 무용, 미술, 교육실습 등으로 구성되어 있다. 교육실습은 해당 부속학교나 유치원에서 하는 것이 원칙이나 경우에 따라서는 시·군의 유치원에서도 할 수 있도록 되어 있다. 교육실습을 통해 학생들은 교육부문에 대한 김일성의 교시와 당의 교육방침을 깊이 연구하고 체득하며, 교육교양사업을 직접 해보면서 전공부문의 지식을 공고히 하고 능숙한 교육방법을 익힐 것이 요구된다(최민수, 1996; 이애시, 2006). 북한의 교원대학 교양원학과에서 배우는 교과목은 〈표 II-7〉과 같다.

<표 II-7> 북한의 교원대학 교과목

교과목명	비고	교과목명	비고
김일성 혁명역사		미술	
김일성 로작(현행당정책포함)		체육(체조, 탁구, 배구, 축구, 농구, 수영 등)	
김정일 혁명역사		김일성 어린 시절 교수법	
김정일 로작		김정일 어린 시절 교수법	
교육학		음악 교스법	
심리학		우리말 고수법	
외국어(영어, 로어)		셈 세기 교수법	
국문강독(5대 혁명가극분석)		무용(유치원 노래와 춤동작)	
문화어(우리말 문법)		여학생실습(음식요리, 봉제)	
수학		체육무용(예술체조)	
물리		사로청, 소년단	
화학		군사훈련(야외훈련, 및 실내병기학)	
음악		교육실습	

출처: 백종억, 유위준(2002). 북한의 초중등학교 교육과정과 교원양성대학 교육과정과의 관련성 연구. 한국교원대학교 교수논총, 제18권 제1호, 82쪽.

2) 보육시설 보육교사 양성제도 및 정책

통일한국의 보육교사 양성제도 및 정책을 모색하기 위해서는 현재 남북한에서 시행되고 있는 보육시설 보육교사(보육원) 양성제도 및 정책과 교사교육 프로그램을 살펴보고, 이를 바탕으로 통일한국 보육시설의 보육교사 양성 제도 및 정책 방향을 제시해 보고자 한다.

(1) 남한의 보육교사 양성

① 남한의 보육교사 양성제도 및 정책

남한의 보육교사 양성을 위한 자격기준은 영유아보육법 시행령 제21조 2항에 해당하는 자로서 보건복지가족부장관이 검정·수여하는 국가자격증을 발급받은 자는 보육시설에서 보육교사로 근무할 수 있다(2005년 4월부터 보육자격관리사무국에서 위탁발급). 보육교사 양성과정에서는 교육연한에 따라 보육교사 3급 자격, 보육교사 2급 자격증을 취득할 수 있다. 보육교사 3급 자격을 취득하기 위해서는 고등학교 또는 동등 이상의 학교를 졸업한 자로서 보건복지가족부령이 정하는 교육훈련시설에서 소정의 교육과정을 수료한 자로 규정하고 있다. 또한 보육교사 2급 자격을 취득하기 위해서는 전문대학 또는 이와 동등 이상의 학교에서 보건복지가족부령이 정하는 보육 관련 교과목 및 학점을 이수하고 졸업한 자로 규정하고 있다. 이러한 자격기준에 근거하여 1년간의 보육교사교육원, 2~3년제 전문대학의 유아교육 및 보육 관련 학과, 4년제 대학교의 유아교육 및 보육 관련 학과, 방송통신대학교, 학점은행제 등에서 보육교사 자격증을 취득할 수 있다.

보육자격 관리 사무국에서는 보육교사 국가자격증 취득방법에 대하여 다음과 같이 제시하고 있다(http://www.ctcm.or.kr/02_license/1teacher.jsp).

첫째, 교육훈련시설(보육교사교육원) 수료 후 보육교사 3급 자격증을 부여한다. 영유아보육법 제21조 제2항 제2호의 규정에 의해 고등학교 또는 이와 동등 이상의 학교를 졸업한 자로서 보건복지가족부령이 정하는 교육훈련시설에서 소정의 교육과정을 수료한 경우 보육교사 3급 자격증을 신청하여 발급받은 후 보육시설에서 보육교사로 근무할 수 있다.

둘째, 전문대학 또는 이와 동등 이상의 학교에서 관련 학점을 이수하고 졸업한 경우 보육교사 2급 자격증을 부여한다. 고등교육법에 의한 전문대학 또는 이와 동등 이상의 학교에서 보건복지가족부령이 정하는 보육관련 교과목 및 학점을 이수하고 졸업한 경우 보육교사 2급 자격증을 신청하여 발급받은 후 보육시설에서 보육교사로 근무할 수 있다.

또한 보육실습 세부기준에 대하여 영유아브육법 시행규칙 제12조 1항 관련에서 규정하고 있다. 보육실습 교과목은 성적증명서를 통해 확인 가능해야 하고, 보육현장실습, 교육실습을 유사과목 인정범위로 정하고 있다. 1개 과목 2학점 이상 평가점수는 80점 이상을 이수한 것으로 인정하고 있다. 실습기관으로는 보육시설 및 종일제 유치원으로 규정하고 실습당시 인가증 사본을 제출하도록 규정하고 있다. 병설유치원의 경우에는 종일제 및 보육정원을 확인할 수 있는 학교장 발행 공문을 첨부하도록 하고 있다. 민간보육시설은 인가증 상에 15인 이상의 보육정원이 기재되어 있어야 하고, 국공립 보육시설은 인가증 대신 위탁계약서로 대체가 가능하다고 밝히고 있다. 또한 실습기간은 4주 1일 8시간 기준으로 160시간 이상으로 정하고 있다. 실습 지도교사로는 반드시 보육교사 1급 또는 유치원 정교사 1급 자격을 가진 자로 규정하고 있다. 유치원 원장, 원감 자격증, 2급 정교사 자격증 사본 제출 시 불가하다. 2007년 이후 보육실습이수 자는 실습기간 시설인가증 사본 및 실습지도교사 자격증 사본 각 1부를 첨부해야 한다(보육자격관리사무국 홈페이지 www. ctctm.or.kr).

② 남한의 보육교사 양성 프로그램

대학 등에서 보육교사 2급 자격증을 취득하기 위해서는 12개 과목 35학점 이상으로 규정하고 있다. 6개 영역으로 구분하여 교과목과 이수과목(학점)을 밝히고 있다. 보육기초(아동복지, 보육학개론, 아동발달, 보육과정) 4개 과목(12학점)은 필수로 지정하고, 발달 및 지도(인간행동과 사회환경, 아동관찰 및 행동연구, 아동생활지도, 아동상담, 특수아동지도) 1개 과목(3학점) 이상, 영유아교육(놀이지도, 언어지도, 아동문학과 동작, 아동미술, 아동수·과학지도, 영유아프로그램 개발과 평가, 영유아교수방법) 3개 과목(9학점) 이상 선택, 건강 영양 및 안전(아동건강교육, 아동간호학, 아동안전관리, 아동영양학, 정신건강) 2개 과목(6학점) 이상 선택, 가족 및 지역사회 협력 등(부모교육, 가족복지, 가족관계, 지역사회복지, 자원봉사론, 보육정책론, 보육교사론, 보육시설운영과 관리) 1개 과목(3학점) 이상 선택, 보육실습(교육실습) 1개 과목(2학점) 필수로 규정하고 있다. 실습기간은 4주 160시간을 원칙으로 하되 야간대학 등의 경우에는 실습을 2회로 나누어 실시할 수 있도록 규정하고 있다. 실습에 대한 평가에서는 80점 이상인 경우에만 실습을 이수한 것으로 인정하고 있다.

또한 교육훈련시설의 교육과정은 25과목 65학점 이상을 취득하고 평균 70점 이상인 경우에만 이수한 것으로 인정하여 보육교사 3급 자격증을 부여하고 있다. 6영역으로 구분하여 교과목과 이수학점을 밝히고 있다. 보육기초(아동복지 3, 보육학개론 3, 보육과정 3) 3개 과목(9학점) 필수, 발달 및 지도(아동발달 3, 인간행동과 사회환경 3, 아동생활지도 3, 아동상담 3, 특수아동지도 3, 영유아보육의 실제 3, 방과후아동지도 2) 7개 과목(21학점) 필수, 영유아교육(놀이지도 3, 언어지도 2, 아동음악과 동작 2, 아동미술 2, 아동수·과학지도 2, 교재교구개발 3, 영유아교수방법 3) 7개 과목(4학점) 필수, 건강·영양 및 안전(아동간호학 2, 아동안전관리 2, 아동영양학 2) 2개 과목(4학점) 이상 선택, 가족 및 지역사회 협력 등(부모교육 3, 지역사회복지 3, 보육정책 2, 보육시설운영과 관리 3, 정보화교육 2) 5개 과목(13학점) 필수, 보육실습(보육실습 2) 1개 과목(2학점) 필수로 규정하고 있다. 학점당 시간은 15시간을 기준으로 하되, 보육실습 기간은 4주 160시간 이상으로 한다. 실습에 대한 평가에서는 80점 이상인 경우에만 실습을 이수한 것으로 인정하고 있다.

대학 등에서 이수해야 할 교과목 및 학점 일반, 보육실습에 관한 기준에 대해서는 다음의 〈표 II-8〉, 〈표 II-9〉에 제시되어 있다.

<표 II-8> 대학 등에서 이수해야 할 교과목 및 학점 일반

영 역	교과목	이수과목(점수)
보육기초	아동복지(론), 보육학개론, 아동발달(론), 보육과정	4과목(12학점) 필수
발달 및 지도	인간행동과 사회환경, 아동관찰 및 행동연구, 아동생활지도, 아동상담(론), 특수아동지도	1과목(3학점) 이상 선택
영유아교육	놀이지도, 언어지도, 아동문학, 아동음악과 동작, 아동미술, 아동수·과학지도, 영유아프로그램 개발과 평가, 영유아교수방법(론)	3과목(9학점) 이상 선택
건강·영양 및 안전	아동건강교육, 아동간호학, 아동안전관리, 아동영양학, 정신건강(론)	2과목(6학점) 이상 선택
가족 및 지역 사회 협력 등	부모교육(론), 가족복지(론), 가족관계(론), 지역사회복지(론), 자원봉사(론), 보육정책(론), 보육교사(론), 보육시설운영과 관리	1과목(3학점) 이상 선택
보육실습	보육실습	1과목(2학점) 필수
전 체	12과목 (35학점) 이상	

※ 교과목명이 상이하더라도 교과목의 내용이 유사하면 동일 교과목으로 인정하고, 보육실습의 경우 명칭과 무관하게 실습기관과 실습기간의 조건을 만족하는 경우 보육실습으로 인정한다. 각 과목은 3학점을 기준으로 하며 최소 2학점 이상이어야 한다(2005 영유아보육법 시행규칙 제12조 제1항 관련 별표4).

<표 II-9> 보육실습에 관한 기준

실습기관	실습은 법적으로 인가받은 15인 이상의 보육시설 및 교육청에 등록된 종일제 유치원에서 보육교사 1급 또는 유치원 정교사 1급 자격을 가진 자가 실습을 지도하여야 한다.
실습기간	실습기간은 1일 8시간, 4주, 160시간 이상을 원칙으로 하되, 야간 대학 등의 경우에는 실습을 2회에 나누어 실시할 수 있다.
실습평가	실습의 평가는 실습계획서에 근거하여 행하되 평가점수가 80점 이상인 경우에만 실습을 이수한 것으로 인정한다.

교육훈련시설의 교육과정 예는 〈표 II-10〉에 제시된 바와 같다.

<표 Ⅱ-10> 교육훈련시설의 교육과정

영 역	교과목(학점)	이수과목(학점)
보육기초	아동복지(론)(3), 보육학개론(3), 보육과정(3)	3과목(9학점) 필수
발달 및 지도	아동발달(론)(3), 인간행동과 사회환경(3), 아동생활지도(3), 아동상담(론)(3), 특수아동지도(특수교육학)(3), 영유아보육의 실제(3), 방과후아동지도(2)	7과목(92) 학점 필수
영유아교육	놀이지도(3), 언어지도(2), 아동음악과 동작(2), 아동미술(2), 아동수·과학지도(2), 교재교구개발(3), 영유아교수방법(론)(3)	7과목(17학점) 필수
건강·영양 및 안전	아동간호학(2), 아동안전관리(2), 아동영양학(2)	2과목(4학점) 선택
가족 및 지역 사회 협력 등	부모교육(3), 지역사회복지(3), 보육정책(2), 보육시설운영과 관리(3), 정보화교육(2)	5과목(13학점) 필수
보육실습	보육실습(2)	1과목(2학점) 필수
합계	25과목(65학점) 이상	

※ 각 과목당 평가점수가 70점 이상인 경우에만 이수한 것으로 인정한다. 학점당 시간은 5시간을 기준으로 하되, 보육실습기간은 4주 이상, 160시간 이상으로 한다. 보육실습은 별표 4의 보육실습에 관한 기준을 준용한다(영유아보육법 시행규칙 제12조 2항 별표5).

(2) 북한의 보육원 양성

① 북한의 탁아소 보육원 양성제도 및 정책

북한의 탁아소 보육원은 0세부터 4세까지의 영유아를 돌보는 교원의 명칭이다. 탁아소 보육원의 양성과정은 3개월 동안 주간 과정으로 교육하여 보육원을 양성하는 중앙의 보육전문학교와 지방의 고등전문학교 보육과, 6개월 동안 야간 과정으로 이루어지는 공장 및 기업소에서 운영하는 보육원학교, 그 밖에 6개월간 통신교육을 통하여 자격을 취득하는 통신교육체계, 단기 강습소 등 비정규과정에서 양성하고 있다(김재한, 1986; 최민수, 1996).

북한의 탁아소에 근무할 보육원에 대해서는 1976년에 제정된 '어린이보육교양법'에서 자격과 능력을 다음과 같이 규정하고 있다.

"제38조. 보육원, 교양원은 어린이들을 우리 혁명 위업의 믿음직한 계승자로, 주체형의 새 세대로 키우는 영예로운 혁명가이다. 제39조. 보육원,

교양원은 자기 사업에 대한 높은 영예감과 긍지를 가지고 혁명의 미래를 키우는 어린이 양육사업에 자기의 온갖 정열을 다 바치는 인민의 참된 충복, 진정한 혁명가가 되어야 한다. 제40조. 보육원, 교양원은 주체사상으로 튼튼히 무장하여 혁명적 세계관을 확고히 세우며 자신을 철저히 혁명화, 로동 계급화하여야 한다. 제41조. 보육원, 교양원을 비롯한 양육기관의 모든 일꾼들은 어린이들의 건강에 영향을 줄 수 있는 질병이 없어야 하며 어린이들을 문화적으로, 과학적으로 키우고 혁명적으로 교양하는 데 필요한 전문지식에 정통하며 해당한 국가적인 자격을 가져야 한다."(어린이보육교양법, 1976)

② 북한 탁아소 보육원 양성교육 프로그램

북한 탁아소의 보육원을 양성하기 위한 과정에서는 보육학, 위생학, 영양학, 생리학, 아동심리학을 비롯한 보육교양에 필요한 전문지식을 배워 익힌다.

02 남북한의 영유아 교원 재교육 제도 및 정책

1) 유치원 교원 재교육 제도 및 정책

(1) 남한의 유치원 교원 재교육

남한의 영유아 교원 재교육을 위한 연수의 종류는 자격연수, 일반연수, 직무연수, 특별연수, 자기연수 등으로 구분될 수 있다(이애시, 2006; 한국교원대학교 종합연수원, 2008; 서울교육대학교 초등교원연수원, 2008; 교육과학기술부, 2009; 유아교육법, 2009; 영유아보육법시행령규칙, 2009).

① 남한의 유치원 교원 재교육 제도 및 정책

유치원 자격연수는 상급 자격을 취득하기 위한 연수과정으로 1급 정교사 자격연수과정, 원감 자격연수과정, 원장 자격연수과정으로 구분된다. 유치원 정교사(1급) 자격은 각 시·도에 설치된 교육연수원에서 유치원 정교사(2급) 자격 취득 후 3년 이상 교육경력을 가지고 소정의 재교육을 받은 자에게 부여하고 있다. 유치원 원감자격은 유치원 정교사(1급) 자격증을 가지고 3년 이상의 교육경력과 소정의 재교육을 받은 자, 또는 유치원 정교사(2급) 자격증을 가지고 6년 이상의 교육경력과 소정의 재교육을 받은 자에게 부여하고 있다. 유치원 원장자격은 원감자격증을 가지고 3년 이상의 교육경력과 소정의 재교육을 받은 자, 또는 학식과 덕망이 높은 자로서 대통령령이 정하는 기준에 해당한다고 교육과학기술부장관의 인정을 받은 자로 규정하고 있다. 유치원 원감 자격연수는 서울특별시 교육연수원 및 한국교원대학교 교원연수원에서 실시하고, 유치원 원장 자격연수는 서울교육대학교 초등교원연수원 및 한국교원대학교 교원연수원에서 실시하고 있다. 자격연수의 연수기간은 30일 이상으로 하되, 이수시간은 180시간 이상이다. 그 밖에 유치원 준교사 자격증을 가진 자가 2년 이상의 교육경력을 가지고 소정의 재교육을 받은 자는 유치원 정교사(2급) 자격을 부여하고 있다.

일반연수는 유아교육의 이론 및 방법 등에 대한 일반적인 교양을 증진시키기 위한 연수로 각 시·도교육연수원의 연수원장이 교육감과 협의하여 정한다. 일반연구의 연수기한은 10일 이상 60시간 이상으로 정하고 있다. 또한 직무연수는 직무수행 능력을 배양하기 위하여 실시되는 연수이며, 직무수행 능력의 향상을 위하여 교육과학기술부 장관이 필요하다고 인정하는 자, 또는 여러 가지 사정으로 휴직하였던 교원이 복직하여 전문직 역할을 충실하게 할 수 있도록 적응을 돕기 위하여 실시될 수 있다. 특별연수는 국가 또는 지방자치단체가 특별한 연수계획을 수립하여 교육공무원을 국내외의 교육기관에서 일정한 기간 동안 연수를 받을 수 있도록 하는 것으로 연수기간과 동일한 기간을 복무해야 하는 의무가 있다. 예를 들어, 병설유치원 교사로 재직 중인 교사가 특별 전형을 통하여 한국교원대학교 대학원에 진학하여 2년 동안 학문탐구 연수를 하는 경우 특별연수에 해당될 수 있다. 그 밖에 자기연수는 대학원에 진학하거나 학회, 연구회, 대학 등에서 주관하는 연수과정에 참여하여 자신에게 필요한 지식이나 정보를 획득하는 자기연수 과정을 말한다.

② 남한의 유치원 교원 재교육 교육프로그램

유치원 교원의 자격연수 프로그램의 예를 살펴보고자 한다. K교육연수원의 유치원 정교사(1급) 자격연수 프로그램의 예에서는 연수기간을 5주 181시간으로 편성하고 있고, 연수대상은 교직경력 3년 이상인 공·사립 유치원 교사들이다. 자격연수 프로그램의 교과편성은 기본소양 33시간, 교직 31시간, 전공 116시간으로 편성되어 운영되고 있다. 또한 H교육연수원의 유치원 원장 자격연수 프로그램의 예에서는 연수기간을 10주 기간으로 규정하고 있고, 세부영역으로는 민간연수(유치원장의 지도성 강화 방안) 30시간, 멘토링 연수(멘토가 소속되어 있는 교육기관) 40시간, 해외연수(일본, 싱가포르, 말레이시아, 중국, 홍콩 대만) 5박 6일, 재택연구 보고서제(연구즈제 선정, 지도조언, 연수실행, 연구실행, 연구보고서 작성) 18시간, 연격연수(문화예술, 건강관리, 교수·학습·평가, 교육공학) 30시간, 특기적성 교육 프로그램(댄스스포츠, 생활요가, 포크댄스, 골프, 바둑, 기체조, 수지침, 사진아트) 6시간 등으로 구성하여 운영하고 있다.

(2) 북한의 유치원 교양원 재교육

① 북한의 유치원교양원 재교육제도 및 정책

북한의 유치원 교원 재교육은 교양원 양성대학과 각 도·시·군에 건립되어 있는 교양원양성소에서 경험이 풍부한 교양원으로 구성된 교수강습대에 의해 1개월 강습반, 3개월 재교육반, 6개월 재교육반, 1년제 재교육반으로 이루어진다. 유치원 교양원에 대한 재교육은 교원대학의 재교육학부에서 무자격 교원에 대한 재교육을 담당하여 자격을 얻도록 하기도 한다. 또한 현장을 개선

할 목적으로 지역 단위에서 실시하는 각종 재교육과정에서는 유치원 분과장에 의한 검열과정과 자체연수과정, 단기 과정으로 운영하는 유치원 원장 재교육과정, 월별발표회, 교수강연, 교재토론회, 논문발표회, 교수경험발표회, 시범, 견학사업, 잡지 및 도서공급 등 여러 가지 방법이 있다. 시범이란 한 교사가 수업을 모범적으로 진행하는 것을 공개적으로 보여 줌으로써 다른 교원들이 새로운 교수방법을 배워서 실천할 수 있도록 하는 것이다.

유치원 교양원들은 유치원 내에서 주별, 월별 발표회에 참석해야 하고, 간부는 수요강연회, 토요학습, 매일자습 참여가 의무이며, 원장과 분과장은 교양원의 수업참관을 의무화하고 있어 항시 교양원의 구체적인 지도에 임하고 있다. 또한 북한에서는 엄격한 국가교원 심사승급제도가 있다. 각급 학교의 교원들은 모두 반드시 시험에 통과해야만 승급할 수 있는데 매년 한 번씩 교원심사를 진행하는 방식으로 교원들의 학습상황을 검사한다. 교직을 시작하여 5년이면 승급시험에 참가할 수 있는데, 합격하면 한 단계 승급하고, 시험에 세 번 불합격하면 한 단계 급수가 낮아진다. 1급 교사라 하더라도 5년 유효기간 후 1년에 한 번 치르는 시험에 참가하지 않으면 2급으로 강등되고 보수 및 대우는 교원의 급수에 따라 변동된다(최민수, 1996; 이애시, 2006).

② 북한의 유치원 교양원 재교육 프로그램

1989년 김정일이 '교육사업을 더욱 발전시킬 데 대하여'를 발표한 후 각급 학교에서 정치사상과목 교수의 수준을 높이고 교수교양의 충실성 교양, 효성 교양을 강화하기 위한 사업이 적극 이루진 것으로 볼 때 유치원 교양원 재교육과정에서 정치사상교육이 강조되고 있는 것으로 추정된다. 북한 유치원 교양원 재교육 프로그램의 교과목으로 추정되고 있는 내용들은 우리말, 셈세기, 관찰, 노래와 춤, 그리기와 만들기, 체육, 놀이 등의 교육내용을 보다 더 잘 가르칠 수 있도록 하는 내용과 소위 북한교육에서 자부심을 갖고 있는 '깨우쳐 주는 교수', '나이와 심리적 특성에 맞는 방법', '통일성을 보장하는 방법' 등에 대한 교수·학습 방법에 대한 내용도 포함될 것으로 보인다(1996, 최민수).

2) 보육시설 교원 재교육 제도 및 정책

(1) 남한의 보육시설 교원 재교육

① 남한의 보육교사 재교육 제도 및 정책

남한에서의 보육교사 재교육은 보수교육, 승급교육, 자기연수 등으로 구분해 볼 수 있다. 보수교육은 보육교사의 직무능력과 자질을 향상시키기 위하여 21~40시간 정도로 실시되는 연수이다. 보육교사 2급 승급교육은 3급 보육교사 자격을 취득하고 1년 이상의 보육업무 경력과 보건복지가족부 장관이 정하는 승급교육을 받은 자로 규정하고 있다. 브육교사 1급의 자격취득은 보육교사 2급 자격을 취득한 자가 이후 3년 이상의 보육업무 경력과 보건복지가족부 장관이 정하는 승급교육을 받은 자, 또는 보육교사 2급 자격과 보육관련 대학원에서 석사학위를 취득한 자로서 1년 이상 보육업무 경력과 보건복지가족부 장관이 정하는 승급교육을 받은 자로 규정하고 있다. 또한 시설장의 자격연수는 각종 학회, 대학, 보육정보센터 등에서 주관하는 연수회, 세미나, 워크숍 등에 참석하여 스스로 자기연수에 참여하는 것을 말한다(영유아보육법시행령규칙, 2009; 최민수, 2000).

② 남한의 보육교사 재교육 프로그램

보육교사 재교육 프로그램은 보수교육, 승급교육, 자기연수 등 연수의 성격에 따라 다소 차이가 있으나 대체적으로 보육교사로서의 전문성을 증진시킬 수 있는 내용으로 편성되어 운영되고 있다. K보육교사교육원에서 실시되고 있는 시설장 직무연수 과정의 예에서는 40시간으로 구성되어 운영되고 있다. 교육내용의 편성 교과목으로는 영유보육이론, 영유아생활지도, 지역연계와 포괄적 보육, 아동관찰 및 평가, 보육시설 운영과 평가, 영유아 안전관리, 국내외보육 정책동향, 영유아영양관리, 보육시설 운영과 평가, 영유아보육프로그램, 영유아보육법이해, 부모상담 및 부모교육, 정보화교육, 시설장 역할과 자세, 인간관계 및 리더십 교육 등으로 편성되어 운영되고 있다.

(2) 북한의 탁아소 보육원 재교육

① 북한의 보육원 재교육 제도 및 정책

북한 탁아소 보육원에 대한 재교육은 도·시·군에 조직되어 있는 보육원 이동강습대에 의하여 이루어지고 있다. 보육원 이동강습대는 보육경험이 많고 정치실무가 잘 준비된 우수한 보육원들을 선발하여 조직하며 탁아소에 직접 방문하여 경험이 부족한 탁아소 보육원들에게 보육교양사업에 대한 기술과 실무를 지도한다. 또한 보육원의 이동강습대는 해당되는 지역의 보육교양사업에 대한 자질향상과 지도 및 통제뿐만 아니라 국가자격시험을 조직하고 집행하고 있다. 따라서 장기간 여러 장소를 이동하면서 각 지역의 보육원들을 교육해야 하는 이동강습대 요원들의 자녀를 돌봐 줄 장소와 인력이 요구되기 때문에 북한에서는 주탁아소, 월탁아소 등이 설치되어 운영되고 있다(어린이보육교양법, 1976; 최민수, 1996; 최민수, 2000).

② 북한의 보육원 재교육 프로그램

1989년 김정일이 '교육사업을 더욱 발전시킬 데 대하여'를 발표한 후 각급 학교에서 정치사상과목 교수의 수준을 높이고 교수교양의 충실성 교양, 효성교양을 강화하기 위한 사업이 적극 이루진 것으로 볼 때 탁아소 보육원 재교육과정에서도 정치사상교육이 강조되고 있는 것으로 추정된다(1996, 최민수). 구체적인 재교육 내용으로는 1개월부터의 영아를 돌보는 데 필요한 실무내용을 기본으로 하는 기본생활습관지도, 위생지도, 언어지도, 유희지도, 교수학습지도, 노래지도, 우리말, 셈세기 지도방법 등으로 편성되어 운영되고 있는 것으로 추정된다.

Ⅲ. 통일한국의 영유아교육을 위한 인적자원 육성과 남북한 교류, 협력, 지원 방안 모색

01 북한이탈 인적자원의 영유아교육 현장 취업과 재교육 방안

02 남북한 영유아교육 현장에 대한 교류, 협력, 지원 방안 모색

CHAPTER

III 통일한국의 영유아교육을 위한 인적자원 육성과 남북한 교류, 협력, 지원 방안 모색

01 북한이탈 인적자원의 영유아교육 현장 취업과 재교육 방안

북한이탈 인적자원에 대한 영유아교육 현장의 취업과 재교육은 그들이 남한 사회에 적응하는 것을 도울 수 있는 방안이 될 수 있다. 또한 이들이 남한 사회에서 당면한 다양한 어려움을 겪고 성공적으로 정착해 나가는 과정은 향후 통일한국 시대 북한 지역에 거주하는 영유아교육 전문가들에게 크게 기여할 수 있을 것이라는 점은 누구나 충분히 예측할 수 있을 것이다. 두 가지 측면에서 접근할 수 있는데, 하나는 북한이탈 성인 인적자원의 영유아교육 전문가 육성 및 취업 방안이고, 다른 하나는 북한이탈청소년의 영유아교육 양성기관 현장 취업과 재교육 방안이다. 기본적인 전제는 성인 인적자원과 청소년 인적자원의 영유아교육 전문가 양성 및 취업과정에 소요되는 모든 비용은 국가가 지원하는 방식으로 이루어져야 하고, 또한 청소년 인적자원이 영유아교육 양성과정에 입학하고 취업하는 과정은 제도적으로 뒷받침할 수 있는 지원

체계가 수립되어야 한다는 것이다.

1) 북한이탈 성인 인적자원의 영유아교육 전문가 육성 및 취업 방안

북한을 이탈하여 한국에서 살아가고 있는 새터민 인적자원을 통일시대의 유능한 전문인으로 양성하는 동시에 그들의 능력을 개발하여 안정적인 정착을 도울 수 있다. 우선 북한 유아교육을 직접 경험한 인적자원들이 남한의 교육 현장에 참여하면서 당면하는 갈등과 문제의 과정을 스스로 해결해 나갈 수 있는 기회를 주는 것이 필요하다. 이 과정에서 일방적으로 가르치려 하거나 우리교육의 장점만을 무조건 수용하도록 하는 시도는 결코 바람직하지 않을 것이다. 다소 시간이 걸리고 비용이 들더라도 그들이 서서히 우리교육의 장점과 단점을 익히면서 스스로의 가치관과 이념을 점차 해소해 가는 과정을 겪어야 할 것이다.

이들은 향후 통일한국 시대에 북한에 거주하고 있는 유아교육 분야의 전문가와 유아교사들의 연결자 역할을 하는 주체로 활약할 수 있을 것이다. 이들이 남한에서 겪은 어려움에 대한 극복과정은 향후 이러한 과정을 경험하게 될 북한 영유아 교원들에게 소중한 선험적 사례가 될 수 있다. 그들은 북한과 남한을 누구보다 더 잘 알고 있어 이러한 일을 위해 최전선에서 중요한 역할을 수행할 수 있는 자들이기 때문이다. 이를 위해서는 국가적 차원에서 마련되어 있는 통일비용을 사용하여 제도적으로 지원될 수 있는 방안이 마련되어야 실효성을 거둘 수 있을 것이다.

2) 북한이탈청소년 인적자원의 영유아교육 양성기관 입학 및 취업 방안

2008년, 6세 이상 20세 이하 새터민 아동 및 청소년의 수는 1,562명으로 파악되고 있다. 새터민 아동·청소년 수는 전체 다문화 가정의 아동·청소년 수 2만 5천명에 비하면 비중이 크지는 않지만 특별한 의미를 지닌다. 현재 새터민 청소년들이 겪고 있는 교육적 문제들은 통일한국 시대에 남북한 주민들이 함께 겪게 될 문제들이기 때문이다. 새터민 청소년들이 우리 학교와 사회 속에서 건강하게 살아갈 수 있는 환경으로 만들어 나가는 것은 남북한 교육의 통합을 준비하는 노력의 일환이기도 하다(조정아, 2008). 이러한 노력의 하나는 새터민 청소년들을 대상으로 영유아 교사 양성과정으로 안내하여 자격을 취득하고 취업으로 연결시키는 방안이다.

탈북 청소년이 성공적으로 영유아 교사 자격을 취득하여 취업으로 연결되기 위해서는 양성과정에서부터 멘토를 두어 적응과정을 조력할 수 있는 정책이 필요할 것이다. 영유아 교원 양성과정에 진입한 새터민 청소년들에게는 멘토의 조력을 통하여 다양한 영유아교육 현장을 관찰하고 실습할 수 있는 기회를 제공하고, 영유아 교원자격을 취득한 후에는 영유아교육기관에 취업하여 자립할 수 있는 제도적, 정책적 지원이 필요할 것이다. 이러한 목적을 달성하기 위해서는 북한이탈청소년들의 영유아 교원 양성 과정과 영유아교육 현장 취업방안이 모색되어야 할 것이다. 이를 위해서는 국가적 차원에서 마련되어 있는 통일비용의 일부를 사용할 수 있는 제도적 뒷받침이 있어야 실효성 있는 정책으로 발전될 수 있을 것이다.

02 남북한 영유아교육 현장에 대한 지원과 교류 방안 모색

남한의 정부는 1989년 이후 보완·발전시켜 온 '민족공동체 통일방안'을 계승하고 있다. 우리의 통일방안은 통일과정을 '화해협력', '남북연합', '통일국가 완성'의 3단계로 설정하고 있다(통일부통일교육원, 2008). 남북한 영유아교육 현장의 지원과 전문가의 교류 방안에 대한 모색을 위해서는 현실적으로 이러한 단계를 고려하여 다양한 방안을 모색하는 것이 바람직할 것이다.

1) 남북한 영유아교육 현장의 지원과 교류 방안

1995년 북한은 세계를 대상으로 긴급지원 요청을 하게 되었다. 남한의 민간단체들은 초기에 밀가루, 쌀, 분유, 의약품 등 취약계층에 대한 지원을 중심으로 긴급구호의 형태로 대북지원에 동참하였다. 교육분야에서도 취약계층에 대한 지원과 관련하여 탁아소와 유치원의 어린이들에게 분유, 영양빵, 두유, 예방접종과 치료 등의 긴급구호에 초점을 두었다. 2000년대 들어서는 한발 더 나아가서 교과서용 종이 지원, 학용품과 교육기자재 지원, 학교시설의 개·보수 등 교육물자 지원 중심의 협력체계가 구축되고 있다(윤종혁, 2007). 북한의 영유아교육 현장에 대해서도 지원이 필요하다. 인도적 차원에서 복지와 교육 자료 등을 최대한 지원하여 개방 전에도 북한 유아교육자들로 하여금 남한의 유아교육에 대해 호의적인 마음과 호기심을 가질 수 있도록 다방면의 물적 지원이 꾸준히 진행될 필요가 있다.

2) 남북한 영유아교육 전문가의 교류 협력 방안

1990년 중반 이전에 남북한의 교육 교류협력은 극히 제한적인 분야에서만 이루어져 왔다. 민간차원의 대화와 교류는 남북 당국의 통제 아래에서 극히 제한적으로 이루어져 왔으며, 이를 벗어난 대북접촉은 실정법 위한으로 처벌되기도 하였다. 남북한 교육 교류는 중국의 연변지역 등의 제3국에서 남북한 학자들의 접촉이나 학술대회, 학생운동을 주도해 온 대학생들의 방북행사나 교류 등으로 간헐적으로 이루어져 왔다. 북한은 그동안 사상과 이념을 다루는 교육분야의 교류나 협력을 엄격하게 제한해 왔으나 민간단체의 지원을 계기로 교육분야의 지원과 교류가 이루어지기 시작하였다. 따라서 교육적인 지원과 연계된 교류와 협력의 방안이 모색될 필요가 있다(신효숙, 2007; 윤종혁, 2007).

남북한 영유아 교원의 상호 탐방 교류를 확대할 필요가 있다. 서로의 차이점을 인정하고 존중하며 서로의 차이에 대한 이해의 공감대를 확대시킬 수 있도록 유아교육 기관을 관찰할 수 있는 상호방문의 기회를 전국적으로 확대할 수 있다. 또한 영유아교육을 위한 남북한 전문가들이 공동 연구를 할 수 있다. 변화하는 정치적 상황을 대비한 영유아교육 프로그램 개발을 합의하여 진행하는 발전적인 연구 풍토와 환경을 구축하는 일이 모든 단계를 종합적으로 실천할 수 있는 단계이다.

유아교육을 전공하는 청소년들이 상호교류할 수 있는 다양한 방안이 필요하다. 남북한의 이념이나 정치적 독립성은 인정하는 가운데 교류되어야 할 것이다. 가능한 방법은 최근에 추진되고 있는 개성공단의 보육시설 등을 중심으로 청소년, 교원들이 서로 만나서 야영, 친화활동 등의 근거를 마련하는 것이다. 각 고장의 풍물과 풍습을 재현하는 것, 각 고장의 자랑거리를 보여 주는 일, 우리의 전통놀이를 단체경기로 진행하면서 민족공통체의식을 갖는 것도 좋을 것이다. 다양한 행사 중심의 활동은 오랫동안 단절되었던 문화가 야기할 수 있는 충격을 완화시켜 줄 수 있을 것이다. 이러한 과정을 통하여 서로 간의 다른 점을 즐기고, 유사점을 강조하는 과정에서 같은 민족으로서의 공동체의식을 키워 나갈 수 있는 계기가 마련될 수 있다(이은영, 1997).

학문적 목적으로 유아교육 분야에 종사하는 전문가들의 학술교류를 개최해 나가는 것도 바람직한 시도가 될 수 있다. 최근 들어, 중국의 연변지역을 기점으로 하여 한국교육개발원, 정신문화연구원 등의 전문가 집단들이 공동으로 학술행사를 개최하는 등과 같은 시도도 있었다. 영우아교육 분야의 전문가들이 서로 만나 교육계획안, 교수-학습방법 등에 대한 학술적 교류를 하는 것도 서로를 이해할 수 있는 기회가 될 수 있다. 특히 남북한에서 오랫동안 서로 적용해 왔던 전통놀이, 민속놀이 등 친숙한 주제를 기반으로 시작하여 점차적으로 그동안 각각 독특하게 발전시켜 온 다양한 놀이의 차이를 즐길 수 있는 기회를 마련하는 것도 좋을 것이다.

IV. 통일한국의 영유아 교원교육 제도 및 정책 방안에 대한 설문조사

01 설문조사 대상자에 대한 인구사회학적 특성

02 설문을 위한 측정도구

03 자료분석 방법

04 설문조사 분석결과

CHAPTER

IV 통일한국의 영유아 교원교육 제도 및 정책 방안에 대한 설문조사

01 설문조사 대상자에 대한 인구사회학적 특성

1) 설문대상

연구를 위하여 영유아교육을 전공하는 예비교사, 유치원 및 보육시설 교원, 장학사(행정직), 학부모, 북한이탈주민을 대상으로 설문조사를 실시하였다. 설문대상자 중 영유아 교원 및 학부모의 설문을 위해서는 서울, 경기, 광주 등을 포함, 전국적 분포를 고려하여 협회의 명부를 통하여 연구자가 직접 약 80여 기관인 유치원 및 보육시설을 선정하여 직접 방문하거나 전화하여 연구의 필요성과 중요성을 설명하고 협력을 요청하였다. 예비교사를 위한 설문조사를 위해서는 서울특별시, 광주광역시의 관련 학과에 재학 중인 학생들을 대상으로 선정하여 조사를 실시하였다. 장학사(행정직)의 설문조사를 위해서는 전국유아교육행정가협의회의 협력을 얻거나 해당 시·도 담당 장학관에게 전화로 협조를 얻어 해당 지역의 관내 장학사들에게 설문지를 이메일로 발송하여 답신메일로 회신하는 방식으로 조사를 실시하였다. 또한 북한이탈주민에 대한 설문조사를 위해서는 통일원 담당자의 협력을 얻어 연구자가 하나원에 직접 방문하여 남한 사회의 적응교육을 받고 있는 설문조사 대상자들에게 설문의 취지를 설명하고 문항을 설명하면서 설문조사를 실시하였다. 설문을 실시하는 과정에서 잘 모르는 용어나 질문이 이해가 잘 가지 않는 경우에는 손을 들고 질문하도록 하고 질문하는 경우에는 전체를 대상으로 설명해 주었다.

2) 설문대상자의 인구사회학적 특성

설문대상자의 특성을 볼 때 연령은 30세 이하에서 51세 이상으로 구분하였고, 직업 및 신분은 예비교사, 영유아 교원, 장학사 및 행정가, 학부모, 북한이탈주민으로 구분하였으며, 교육경력은 없음에서부터 16년 이상으로 구분하였다. 그 밖에 학력수준은 고등학교 졸업, 대학교 재학, 전문대학 졸업, 4년제 대학교 졸업, 대학원 재학 이상으로 구분하였다. 설문대상자의 인구사회학적 특성은 〈표 IV-1〉과 같다.

<표 IV-1> 설문대상자의 인구사회학적 특성

사례수(비율)

연 령	사례수(비율)	직업 및 신분	사례수(비율)
30세 이하	542(50.7)	예비교사	326(30.5)
31~40세	351(32.8)	영유아 교원	389(36.4)
41~50세	134(12.5)	장학사(행정직)	34(3.2)
51세 이상	43(4.0)	학부모	193(18.0)
		북한이탈주민	128(12.0)
교육경력	사례수(비율)	학력수준	사례수(비율)
없음	416(38.9)	고등학교 졸업	166(15.5)
5년 미만	347(32.4)	전문대학 졸업	231(21.6)
5~10년	168(15.7)	4년제 대학교 졸업	298(27.9)
11~15년	61(5.7)	대학원 졸업	85(7.9)
16년 이상	78(7.3)	대학교 재학 중	290(27.1)
전 체		1,070(100)	

02 설문을 위한 측정도구

본 연구의 측정도구로는 설문지를 사용하였다. 설문을 위한 측정도구의 구성은 연구문제에 따라 네 가지 범주로 구성되어 있다. 설문지 문항의 구성은 설문대상자의 일반적인 인구사회학적 특성을 파악하기 위하여 4문항을 제시하였고, 연구문제와 관련하여 설문대상자들의 의견을 알아보기 위한 문항으로 20문항을 제시하였다. 연구문제와 관련된 20개의 설문문항 중 6문항은 선택문항으로 제시되었고, 13문항은 리커트(Likert) 척도 형식으로 제시되었다.

5단계 리커트 척도 형식은 '매우 아니다' 1점, '아니다' 2점, '모르겠다' 3점, '그렇다' 4점, '매우 그렇다' 5점으로 이루어졌다. 점수가 높을수록 긍정적인 반응으로 평가되고, 점수가 낮을수록 부정적인 반응으로 평가될 수 있다. 따라서 3점 이상의 점수를 기준으로 5점에 가까울수록 문헌연구에서 제시하고 있는 다양한 제도 및 정책에 관련된 설문문항에 대한 설문자들의 동의 정도를 나타내 주는 하나의 지표로 해석될 수 있을 것이다.

1) 측정도구의 범주 및 내용

측정도구의 범주는 설문대상자의 인구사회학적 특성, 통일한국 영유아 교원 양성 및 재교육, 북한이탈주민의 지원 방안, 남북한 교류, 협력, 지원으로 구분되었다. 통일한국 시대의 영유아 교원교육 제도 및 정책에 대한 의견조사 문항은 〈표 Ⅳ-2〉에 제시되어 있다. 별표 표시를 한 문항은 리커트 척도 형식의 문항이다.

<표 Ⅳ-2> 통일한국 시대의 영유아 교원교육 제도 및 정책에 대한 의견조사 문항

번호	범주	문항 내용
	설문대상자의 인구사회학적 특성	연령 학력수준 교육경력 직업 및 신분
문항1	통일한국 영유아 교원 양성 및 재교육	통일한국의 개념에 대한 동의 정도*
문항2		통일한국 유치원교사 양성을 위한 적절한 기간
문항3		유치원교사의 명칭 사용에 대한 동의 정도*
문항4		통일한국 보육교사 양성을 위해 적절한 기간
문항5		보육교사의 명칭 사용에 대한 동의 정도*
문항6		통일한국 영유아 교사 양성 및 재교육 제도정비의 필요성*
문항7		통일한국 영유아 교사의 자질
문항8		통일한국 영유아 교사 양성 및 재교육 프로그램에서 강조할 내용요소
문항9		통일한국 영유아 교사 양성 및 재교육과정에서 중요한 것
문항10		현재 영유아 교사 양성 및 재교육과정에서의 통일교육 실시 정도*
문항11		현재 영유아 교사 양성 및 재교육과정에서 통일교육 내용의 추가 필요성*
문항12		기존 자격증에 대한 교환의 필요성*
문항13		기존 자격증을 교환할 때의 재교육 여부*
문항14	북한이탈주민 지원 방안	북한이탈청소년의 차세대 영유아교육 전문가 육성의 필요성*
문항15		북한이탈주민의 영유아 교사 양성 및 재교육 방안*
문항16		북한이탈주민 및 청소년 영유아 교사 양성 및 재교육 비용 국가 부담여부*
문항17		영유아 교사 자격증 취득 후 남한 사회 이해를 위한 적절한 수습기간
문항18		북한이탈주민 및 청소년 출신 교사에 대한 신뢰 정도*
문항19	남북한 교류, 협력, 지원	남북한 영유아교육 현장의 교류, 협력, 지원의 필요성*
문항20		남북한 영유아교육 분야의 교류, 협력, 지원의 방식

* 표시문항은 리커트 척도 문항임

2) 측정도구의 타당도

측정도구는 통일교육 연구와 관련이 있는 기존 연구들을 참고하여 설문지를 구성하였다. 설문문항에 대한 1차 타당도 검증을 위하여 4인의 통일교육 및 유아교육 전문가에게 설문문항의 내용타당도를 검증하여 반응한 결과를 분석한 1차 타당도는 .61로 나타났다. 설문문항에 대한 2차 타당도 검증을 위하여 1차 타당도 검증과정에서 나타난 각 설문문항에 대한 전문가들의 반응 결과를 기초하여 수정, 보완, 삭제, 추가 등의 과정을 통하여 2차 설문지를 완성하였다. 동일한 전문가들에게 2차 내용타당도 검증을 의뢰하여 각 문항에 대한 적합성을 평정한 결과를 분석한 2차 타당도는 .96으로 나타났다.

설문지의 타당도를 확보하기 위하여 전문가에게 의뢰한 내용타당도 평가를 위한 설문지 문항 평정양식은 [그림-1]과 같다. 1차적으로 제작된 설문지는 모두 31문항으로 구성되었으며, 설문문항에 대한 평정을 의뢰받은 전문가는 각 문항의 적합도를 검증하여 1~4점의 평점을 부여하도록 되어 있다.

평가자 : ___________ 문항평가 일시 : ___/___/___/___

안녕하십니까?

본 설문지는 유아교육 전문가, 행정가, 학부모, 북한이탈주민을 대상으로 통일한국을 대비한 영유아 교원 양성과 재교육 제도 및 정책의 방향에 대한 기초자료를 수집하기 위해 작성된 것입니다. 연구에서 의도하는 바를 잘 측정하고 있는지를 알아보기 위하여 전문가에게 의견을 의뢰하고자 합니다.

귀하의 편의를 위하여 설문문항 타당도 평정을 위한 4품등 척도를 해당 문항 뒤에 편집하였습니다. 각 문항을 읽으시면서 연구에서 의도하는 바를 파악하기 위한 문항으로 적합한지에 대하여 1~4점까지 점수를 부여할 수 있습니다. 혹시 문항의 점수가 1점 혹은 2점으로 평정되는 경우에는 여백에 더 바람직한 내용을 메모하시거나 내용을 수정하여도 됩니다. 이 때 가능하면 다른 글씨체나 색깔로 표시해 주시면 많은 도움이 되겠습니다. 필요한 경우 새로운 문항의 키워드를 적어 주시면 더욱더 좋습니다. 응답과정에 다소 번거로움이 있으시겠지만 전문가님의 응답결과를 바탕으로 더 질 높은 문항을 제작하기 위한 과정으로 이해하시고 부디 협력해 주시기 바랍니다.

귀하께서 응답해 주신 모든 설문내용은 연구목적 이외에는 절대로 사용되지 않을 것을 약속드립니다. 솔직하고 정확하게 응답하여 주시면 감사하겠습니다.

감사합니다.

2009년 9월

1점	2점	3점	4점
적합하지 않다_____	다소 적합하다______	적합하다______	매우 적합하다_____

[그림-1] 내용타당도 평가를 위한 전문가용 문항 평가지

4인의 전문가가 설문문항에 대한 내용타당도를 평정한 결과를 기초하여 [그림-2]와 같이 두 사람씩 짝을 지어 내용타당도를 산정하였다. 두 전문가의 각 문항에 대한 평정점수가 1점 또는 2점으로 일치되는 경우에는 적합성이 아주 약한 경우 A란으로 분류하고, 3점 또는 4점인 경우에는 적합성이 아주 강한 것(D)로 분류하였다. 또한 두 전문가 간에 평정이 일치하지 않는 경우에는 B란 또는 C란으로 분류하여 내용타당도를 계산하였다. 내용타당도 α = D/(A+B+C+D) 공식을 이용하여 산정한 결과 1차 내용타당도는 .61로 나타났다.

		전문가 '갑'	
		약	강
전문가 '을'	약	A	B
	강	C	D

[그림-2] 내용타당도 산정을 위한 평정자 간 일치도 모델

2차 내용타당도는 전문가들이 평정한 1차타당도 산정 결과를 바탕으로 31문항 중 4문항을 삭제하였고, 4문항을 통합하였으며, 1문항을 새롭게 추가하여 총 24문항으로 수정 및 보완하였다. 24문항으로 새롭게 제작된 설문지를 4인의 전문가에게 2차적으로 설문지 문항 내용의 적합도에 대한 평정을 의뢰하여 반응한 결과를 분석한 내용타당도는 .96으로 나타났다.

3) 측정도구의 신뢰도

설문지 문항의 신뢰도를 측정하기 위하여 Cronbach α 값을 산정하였다. Windows용 SPSS 10.0 프로그램을 이용하여 통계 분석한 결과 본 연구에 사용된 설문지에 대한 리커트 척도 문항에 대한 신뢰도는 .67로 나타났다. 설문

조사 대상자의 일반적인 특성을 묻는 4개의 일반문항을 제외한 20개 문항의 중에서 리커트 척도에 해당하는 13개의 문항에 대한 신뢰도를 분석한 결과는 〈표 Ⅳ-3〉에 제시된 바와 같다.

<표 Ⅳ-3> 문항별 신뢰도 분석결과

문항번호	문항별 상관계수	문항제외 시 Cronbach α
문항 1	.3393	.6411
문항 3	.1260	.6705
문항 5	.2592	.6535
문항 6	.2063	.6598
문항10	.0808	.6818
문항11	.3296	.6431
문항12	.2501	.6546
문항13	.2155	.6600
문항14	.4351	.6237
문항15	.4955	.6132
문항16	.3083	.6464
문항18	.4608	.6190
문항19	.3176	.6462
N of Items = 13, N of Cases = 1,070, Alpha = .6661		

03 자료 분석 방법

설문문항에 대한 결과분석 과정에서는 우선적으로 문항에 대하여 전체적인 맥락에서 분석하고 연령, 학력수준, 교육경력, 직업 및 신분에 따라 어떤 차이가 있는지를 파악한다. 결과분석은 Windows용 SPSS 10.0 프로그램을 사용하여 1,070명이 반응한 결과를 코딩(coding)하여 각 문항에 따라 평균, 표준편차, 빈도, 백분율을 구하였고, 집단 간의 차이를 검증하기 위하여 카이검증을 통한 교차분석 방법을 사용하였다. 또한 분석되어 표에 제시된 자료를 그래프로 제작하기 위하여 2007 한글프로그램에 포함되어 있는 도표제작 분석방법을 사용하였다.

04 설문조사 결과 분석

1) 통일한국의 영유아 교원교육 제도 및 정책 방향 모색

(1) 통일한국 개념정의에 대한 동의정도

'남북한이 서로 왕래하고, 교류하고, 협력하면서 점진적으로 통일해 나가는 과정으로써의 통일을 통일한국으로 본다'라는 통일한국에 대한 개념적 정의에 대한 동의 정도를 묻는 설문문항에 대하여 1,070명의 반응을 분석한 결과 평균점수는 〈표 Ⅳ-4〉에서와 같이 3.65점으로 나타났다. 이러한 점수의 수준을 볼 때 설문자들의 의견은 대체적으로 긍정적인 수준에서 동의하고 있는 것으로 볼 수 있다.

<표 Ⅳ-4> 통일한국 개념의 동의정도에 대한 평균 및 표준편차

평균	N	표준편차
3.65	1,070	.84

또한 연구에서 설정하고 있는 통일한국의 개념에 대한 동의정도를 긍정적으로 응답한 비율은 59.4%로 나타났고, 부정적으로 응답한 반응비율은 10.7%로 낮게 나타났으며, 30.0%에 해당하는 사람들이 통일한국의 개념적 동의에 대한 판단에 대하여 아직 유보적 입장을 보이고 있다. 통일한국 개념의 동의정도에 대한 전체 분석결과를 요약한 내용은 〈표 Ⅳ-5〉, [그림-3]과 같다.

<표 Ⅳ-5> 통일한국 개념의 동의정도에 대한 전체 분석결과

N(%)

구분 \ 평정척도	매우 아니다	아니다	모르겠다	그렇다	매우 그렇다	전체
전체	15(1.4)	99(9.3)	321(30.0)	537(50.2)	98(9.2)	1,070(100.0)

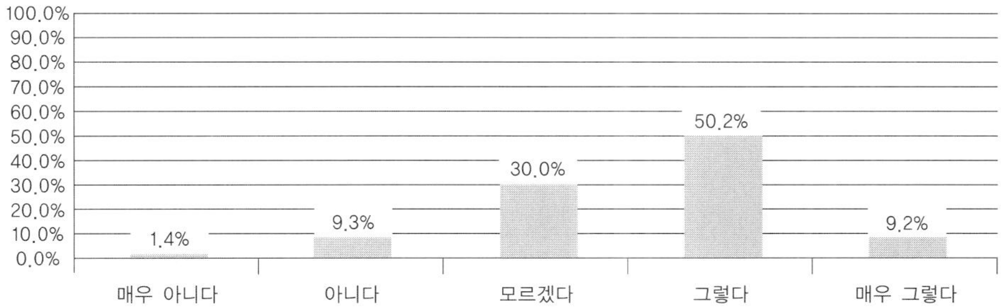

[그림-3] 통일한국 개념의 동의정도에 대한 전체 분석결과

구체적으로 인구사회학적 특성에 따라 차이가 있는지를 파악하기 위하여 연령, 학력수준, 교육경력, 직업 및 신분에 따라 응답자의 반응을 분석한 결과는 〈표 Ⅳ-6〉에 제시된 바와 같다.

<표 Ⅳ-6> 통일한국 개념의 동의정도에 대한 분석결과

N(%)

구분 \ 평정척도		매우 아니다	아니다	모르겠다	그렇다	매우 그렇다	전체	χ^2
연령	30세 이하	7(1.3)	60(11.1)	204(37.6)	237(43.7)	34(6.3)	542(100.0)	76.717 *df*=12, $p<$ .001
	31~40세	5(1.4)	28(8.0)	92(26.2)	195(55.6)	31(8.8)	351(100.0)	
	41~50세	2(1.5)	8(6.0)	19(14.2)	80(59.7)	25(18.7)	134(100.0)	
	51세 이상	1(2.3)	3(7.0)	6(14.0)	25(58.1)	8(18.6)	43(100.0)	
학력수준	고교졸업		7(4.2)	42(25.3)	75(45.2)	42(25.3)	166(100.0)	133.915 *df*=16, $p<$ .001
	전문대졸	8(3.5)	32(13.9)	67(29.0)	112(48.5)	12(5.2)	231(100.0)	
	4년제대졸	4(1.3)	24(8.1)	78(26.2)	176(59.1)	16(5.4)	298(100.0)	
	대학원졸		3(3.5)	12(14.1)	58(68.2)	12(14.1)	85(100.0)	
	대학교재학	3(1.0)	33(11.4)	122(42.1)	116(40.0)	16(5.5)	290(100.0)	
교육경력	없음	3(.7)	33(7.9)	133(32.0)	201(48.3)	46(11.1)	416(100.0)	43.360 *df*=16, $p<$ .001
	5년 미만	7(2.0)	36(10.4)	110(31.7)	178(51.3)	16(4.6)	347(100.0)	
	5~10년	2(1.2)	19(11.3)	46(27.4)	86(51.2)	15(8.9)	168(100.0)	
	11~15년	2(3.3)	7(11.5)	20(32.8)	24(39.3)	8(13.1)	61(100.0)	
	16년 이상	1(1.3)	4(5.1)	12(15.4)	48(61.5)	13(16.7)	78(100.0)	

<표 Ⅳ-6> 계속

구분＼평정척도		매우 아니다	아니다	모르겠다	그렇다	매우 그렇다	전체	χ^2
직업 및 신분	예비교사	4(1.2)	36(11.0)	140(42.9)	130(39.9)	16(4.9)	326(100.0)	192.460 df=16, p< .001
	영유아 교원	10(2.6)	44(11.3)	102(26.2)	214(55.0)	19(4.9)	389(100.0)	
	장학사			4(11.8)	25(73.5)	5(14.7)	34(100.0)	
	학부모	1(.5)	17(8.8)	49(25.4)	115(59.6)	11(5.7)	193(100.0)	
	북한이탈주민		2(1.6)	26(20.3)	53(41.4)	47(36.7)	128(100.0)	
전체		15(1.4)	99(9.3)	321(30.0)	537(50.2)	98(9.2)	1,070(100.0)	

상술한 바와 같이 사회 인구학적 특성에 따른 분석결과 연령, 학력수준, 교육경력, 직업 및 신분에 따라 차이를 나타내고 있다. 첫째, 연령적 특성을 볼 때 긍정적으로 응답한 비율은 40대 연령층에서 78.2%로 가장 높게 나타났고, 30세 이하 집단에서는 50.0%로 가장 낮았으며 37.6%가 유보적 입장을 보였다. 대체적으로 연령이 증가할수록 긍정적 응답비율이 높아지고 있다. 둘째, 학력수준을 볼 때 대학원 졸업자의 동의정도가 82.3%로 가장 높았고, 대학에 재학 중인 학생들의 동의정도가 45.5%로 가장 낮았으며 42.1%가 유보적 입장을 보였다. 이러한 경향은 대학원 수업을 통하여 이론과 실제를 조망해 볼 수 있는 기회를 많이 경험한 집단이, 아직 학문연마에 초점을 두는 대학생 집단보다 당면한 현실적인 문제를 더 고려하여 판단할 수 있는 능력에 기인하는 것으로 사료된다. 셋째, 교육경력을 볼 때 16년 이상의 교육경력 집단이 78.2%로 가장 높은 긍정적 반응을 보였고, 경력 없음 집단에서 긍정적 반응비율이 49.4%로 가장 낮게 나타났으며 32.0%가 유보적 입장을 보였다. 넷째, 직업 및 신분을 볼 때 장학사 집단이 88.2%로 가장 적극적인 긍정적 반응을 보였고, 예비교사 집단의 긍정적 비율이 44.8%로 가장 낮았으며 42.9%가 유보적 입장을 보였다. 관련 내용에 대한 제도와 정책을 직접 경험하고 있거나 담당하고 있는 전문성이 높은 집단일수록 높은 수준의 동의를 보이고 있고, 제도 및 정책에 대한 경험이 없거나 부족한 집단에서 낮은 수준의 동의를 나타내고 있다. 특히 북한이탈주민들의 반응을 볼 때 78.1%가 긍정적인 반응을 나타냈고

20.3%가 유보적 반응을 보였으며 단지 1.4%만이 부정적인 입장을 보이고 있다.

(2) 통일한국 유치원교사의 양성기간

'통일한국 유치원교사의 양성기간은 몇 년으로 정하는 것이 좋겠습니까?'라는 설문문항에 대한 1,070명의 반응을 분석한 결과 통일한국의 유치원교사 양성기간으로 가장 선호하는 학제로는 전체 응답자의 46.3%가 4년제 대학교를 선택하였다. 그 다음으로 선호하는 학제로는 3년제 25.0%, 3~4년제 혼용 20.9% 순으로 나타났다. 1년제, 2년제가 좋다고 반응한 비율은 7.8%에 불과하였다. 전체 응답자의 92.2% 이상이 유치원교사의 양성은 3년제 이상의 교육기관에서 양성해야 한다고 응답하였다. 통일한국 유치원 교사의 양성기간에 대한 전체 분석결과를 요약한 내용은 〈표 IV-7〉, [그림-4]와 같다.

<표 IV-7> 통일한국 유치원교사의 양성기간에 대한 전체 분석결과

N(%)

구분 \ 양성기간	1년제	2년제	3년제	4년제	3~4년제	전체
전체	13(1.2)	71(6.6)	267(25.0)	495(46.3)	224(20.9)	1,070(100.0)

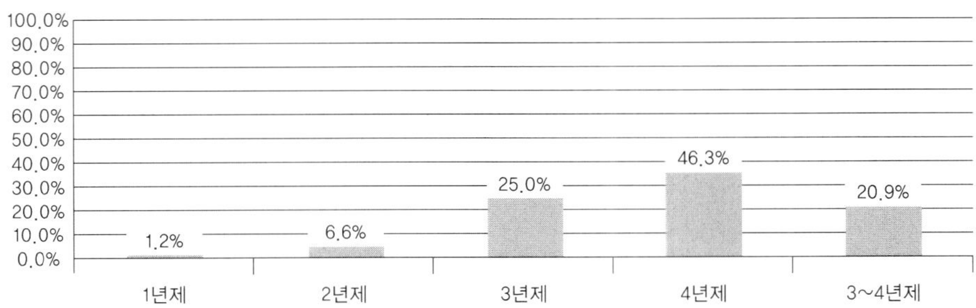

[그림-4] 통일한국 유치원교사의 양성기간에 대한 전체 분석결과

인구사회학적 특성에 따른 연령, 학력수준, 교육경력, 직업 및 신분에 따라 분석한 결과는 다음의 〈표 IV-8〉에 제시된 바와 같다.

<표 Ⅳ-8> 통일한국 유치원교사의 양성기간에 대한 분석결과

N(%)

구분 \ 양성기간		1년제	2년제	3년제	4년제	3~4년제	전체	χ^2
연령	30세 이하	6(1.1)	26(4.8)	126(23.2)	243(44.8)	141(26.0)	542(100.0)	34.486 *df*=12, $p<.05$
	31~40세	4(1.1)	26(7.4)	98(27.9)	169(48.1)	54(15.4)	351(100.0)	
	41~50세	2(1.5)	15(11.2)	32(23.9)	61(45.5)	24(17.9)	134(100.0)	
	51세 이상	1(2.3)	4(9.3)	11(25.6)	22(51.2)	5(11.6)	43(100.0)	
학력수준	고교졸업	11(6.6)	39(23.5)	62(37.3)	33(19.9)	21(12.7)	166(100.0)	274.974 *df*=16, $p<.05$
	전문대졸	1(.4)	12(5.2)	86(37.2)	76(32.9)	56(24.2)	231(100.0)	
	4년제대졸	1(.3)	8(2.7)	49(16.4)	187(62.8)	53(17.8)	298(100.0)	
	대학원졸		4(4.7)	9(10.6)	64(75.3)	8(9.4)	85(100.0)	
	대학교재학		8(2.8)	61(21.0)	135(46.6)	86(29.7)	290(100.0)	
교육경력	없음	6(1.4)	38(9.1)	111(26.7)	161(38.7)	100(24.0)	416(100.0)	51.924 *df*=16, $p<.05$
	5년 미만	4(1.2)	22(6.3)	86(24.8)	156(45.0)	79(22.8)	347(100.0)	
	5~10년	2(1.2)	6(3.6)	42(25.0)	89(53.0)	29(17.3)	168(100.0)	
	11~15년	1(1.6)	4(6.6)	20(32.8)	31(50.8)	5(8.2)	61(100.0)	
	16년 이상		1(1.3)	8(10.3)	58(74.4)	11(14.1)	78(100.0)	
직업 및 신분	예비교사	1(.3)	15(4.6)	70(21.5)	140(42.9)	100(30.7)	326(100.0)	221.419 *df*=16, $p<.05$
	영유아 교원	2(.5)	11(2.8)	100(25.7)	213(54.8)	63(16.2)	389(100.0)	
	장학사			1(2.9)	29(85.3)	4(11.8)	34(100.0)	
	학부모		14(7.3)	42(21.8)	94(48.7)	43(22.3)	193(100.0)	
	북한이탈주민	10(7.8)	31(24.2)	54(42.2)	19(14.8)	14(10.9)	128(100.0)	
전체		13(1.2)	71(6.6)	267(25.0)	495(46.3)	224(20.9)	1,070(100.0)	

상술한 바와 같이 인구사회학적 특성에 따른 분석결과 연령, 학력수준, 교육경력, 직업 및 신분에 따라 차이를 보였다. 첫째, 연령을 볼 때 30~50대 연령층 모두에서 고르게 유치원교사는 4년제 대학교에서 양성하는 방안을 선호하였다. 둘째, 학력수준을 볼 때는 4년제, 대학원, 대학교 재학 집단에서는 4년제 대학교를 가장 많이 선호하고 있고, 전문대학을 졸업한 계층에서는 3년제, 4년제, 3~4년제 혼용을 비슷한 수준으로 선호하였으며, 고등학교 졸업 계층에서는 3년제, 2년제 대학 순으로 반응하였다. 셋째, 교육경력을 볼 때 16년 이상 집단에서 4년제 대학교를 가장 많이 선호하였고, 교육경력이 적을수록 3년제, 3~4년제 혼용에 반응하였다. 넷째, 직업 및 신분을 볼 때 장학사 집단의 85.3%가 4년제 대학교로 반응하였고, 학부모, 예비교사, 영유아 교원 모두에

서 4년제 대학교를 선호하는 것으로 나타났다. 그러나 북한이탈주민 집단에서는 42.2%가 3년제 대학을 가장 높게 선호하였고, 다음으로 2년제를 선호하였으며, 7.8% 정도가 1년제에 응답하였는데, 북한의 유치원 교양원 양성기간이 3년으로 되어 있는 점이 반영된 것으로 보인다. 또한 1년제 교원양성소에서 필요시에 유치원 교양원을 양성하는 제도가 어느 정도 반영된 것으로 보인다.

(3) 유치원교사에 대한 명칭 통일에 대하여

'통일한국의 유치원교사의 명칭을 유치원교사로 통일하는 것에 대하여 어떻게 생각하십니까?'라는 설문문항에 대한 1,070명의 반응을 분석한 결과 평균점수가 3.88로 나타났다. 북한에서 부르고 있는 교양원이라는 명칭보다는 남한에서 부르고 있는 유치원교사의 명칭 사용에 대체적으로 동의하고 있다고 볼 수 있다. 유치원교사 명칭 사용에 대한 평균 및 표준편차는 〈표 Ⅳ-9〉와 같다.

<표 Ⅳ-9> 유치원교사 명칭 사용에 대한 평균 및 표준편차

평균	N	표준편차
3.88	1,070	.74

또한 유치원교사에 대한 명칭 사용에 대한 동의정도에 대해 긍정적으로 응답한 비율은 81.9%로 높게 나타났고, 부정적으로 응답한 비율은 5.9%에 불과하였으며, 유보적 입장을 취하고 있는 응답비율은 12.2%로 나타났다. 유치원교사 명칭 사용에 대한 전체 분석결과는 〈표 Ⅳ-10〉, [그림-5]에 제시된 바와 같다.

<표 Ⅳ-10> 유치원교사 명칭 사용에 대한 전체 분석결과

N(%)

구분\평정척도	매우 아니다	아니다	모르겠다	그렇다	매우 그렇다	전체
전체	15(1.4)	48(4.5)	131(12.2)	731(68.3)	145(13.6)	1,070(100.0)

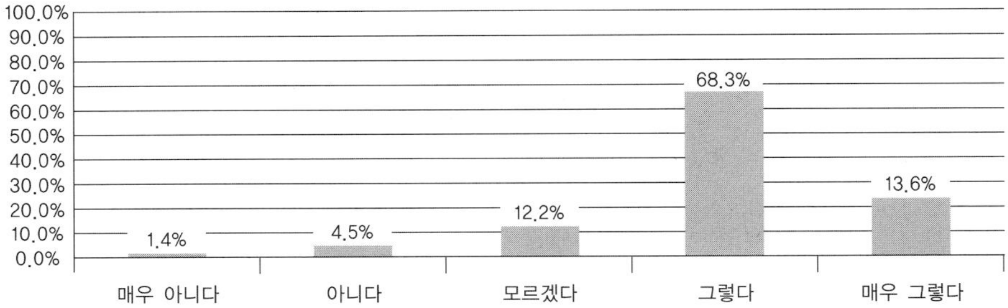

[그림-5] 유치원교사 명칭 사용에 대한 전체 분석결과

인구사회학적 특성에 따라 연령, 학력수준, 교육경력, 직업 및 신분에 따라 응답자의 반응을 분석한 결과는 다음의 〈표 Ⅳ-11〉과 같다.

<표 Ⅳ-11> 유치원교사 명칭 사용에 대한 분석결과

N(%)

구분 \ 평정척도		매우 아니다	아니다	모르겠다	그렇다	매우 그렇다	전체	χ^2
연령	30세 이하	4(.7)	25(4.6)	78(14.4)	357(65.9)	78(14.4)	542(100.0)	25.255 *df*=12, $p>.05$
	31~40세	6(1.7)	12(3.4)	38(10.8)	256(72.9)	39(11.1)	351(100.0)	
	41~50세	3(2.2)	9(6.7)	13(9.7)	91(67.9)	18(13.4)	134(100.0)	
	51세 이상	2(4.7)	2(4.7)	2(4.7)	27(62.8)	10(23.3)	43(100.0)	
학력수준	고교졸업		3(3.6)	32(19.3)	101(60.8)	30(18.1)	166(100.0)	45.491 *df*=16, $p<.05$
	전문대졸	3(1.3)	10(4.3)	27(11.7)	165(71.4)	26(11.3)	231(100.0)	
	4년제대졸	4(1.3)	17(5.7)	24(8.1)	226(75.8)	27(9.1)	298(100.0)	
	대학원졸	4(4.7)	5(5.9)	6(7.1)	54(63.5)	16(18.8)	85(100.0)	
	대학교재학	4(1.4)	13(4.5)	42(14.5)	185(63.8)	46(15.9)	290(100.0)	
교육경력	없음	4(1.0)	11(2.6)	67(16.1)	279(67.1)	55(13.2)	416(100.0)	42.323 *df*=16, $p<.05$
	5년 미만	4(1.2)	16(4.6)	38(11.0)	245(70.6)	44(12.7)	347(100.0)	
	5~10년	3(1.8)	8(4.8)	17(10.1)	119(70.8)	21(12.5)	168(100.0)	
	11~15년	1(1.6)	5(8.2)	3(4.9)	45(73.8)	7(11.5)	61(100.0)	
	16년 이상	3(3.8)	8(10.3)	6(7.7)	43(55.1)	18(23.1)	78(100.0)	
직업 및 신분	예비교사	6(1.8)	17(5.2)	48(14.7)	206(63.2)	49(15.0)	326(100.0)	41.333 *df*=16, $p<.05$
	영유아 교원	8(2.1)	22(5.7)	34(8.7)	277(71.2)	48(12.3)	389(100.0)	
	장학사		4(11.8)	2(5.9)	21(61.8)	7(20.6)	34(100.0)	
	학부모	1(.5)	5(2.6)	21(10.9)	147(76.2)	19(9.8)	193(100.0)	
	북한이탈주민			26(20.3)	80(62.5)	22(17.2)	128(100.0)	
전체		15(1.4)	48(4.5)	131(12.2)	731(68.3)	145(13.6)	1,070(100.0)	

상술한 바와 같이 인구사회학적 특성에 따른 분석결과 학력수준, 교육경력, 직업 및 신분에 따라 차이를 보였고, 연령에 따라서는 유의미한 차이가 없는 것으로 나타났다. 첫째, 학력수준을 볼 때 4년제졸, 대학원졸 집단의 응답자들에 비하여 고등학교 졸업자들의 동의비율이 다소 낮았고 유보비율도 20.3%로 다른 계층에 비하여 높게 나타났다. 둘째, 교육경력을 볼 때 5년~16년 이상 경력자에 비하여 경력이 없거나 5년 미만인 집단의 동의정도가 다소 낮게 나타났다. 셋째, 직업 및 신분을 볼 때 학부모 집단의 동의정도가 가장 높게 나타났고, 예비교사 집단의 동의정도가 가장 낮기 나타났다. 장학사 집단에서는 다른 집단에 비하여 비교적 높은 11.8%가 부정적인 시각을 보였다. 이러한 현상은 최근 논의되고 있는 유아학교에 대한 논의가 응답과정에 반영된 것으로 사료된다. 유치원 이외의 다른 명칭에 대한 논의가 되고 있음이 간접적으로 반영된 결과로 보인다. 또한 북한이탈주민의 경우에는 유보적 입장을 나타낸 반응비율이 20.3%나 되었다. 북한에서의 교양원 명칭에 대한 간접적인 동의 표시로 볼 수 있을 것이다.

(4) 통일한국 보육교사의 양성기간

'통일한국의 보육교사 양성기간은 몇 년으로 정하는 것이 좋겠습니까?'라는 설문문항에 대한 1,070명의 반응을 분석한 결과 통일한국의 보육교사 양성기간으로 가장 선호하는 학제는 3년제 32.3%, 4년제 29.5%, 2년제 25.0% 순으로 나타났다. 그 다음으로는 선호하는 학제는 2년제였으며, 1년제 및 1, 2, 3, 4년제 혼용 학제에 대해서는 매우 낮은 반응비율을 보였다. 이러한 응답결과는 통일한국의 보육교사 양성기간은 3년제와 4년제를 근간으로 하여 최소한 2년 이상의 기간으로 정할 필요성이 있음을 말해 주는 증거로 볼 수 있을 것이다. 통일한국 보육교사의 양성기간에 대한 전체 분석결과의 내용 요약은 〈표 Ⅳ-12〉, [그림-6]에 제시된 바와 같다.

<표 Ⅳ-12> 통일한국 보육교사의 양성기간에 대한 전체 분석결과

N(%)

구분 \ 양성기간	1년제	2년제	3년제	4년제	1,2,3,4년제 혼용	전체
전체	58(5.4)	267(25.0)	346(32.3)	316(29.5)	83(7.8)	1,070(100.0)

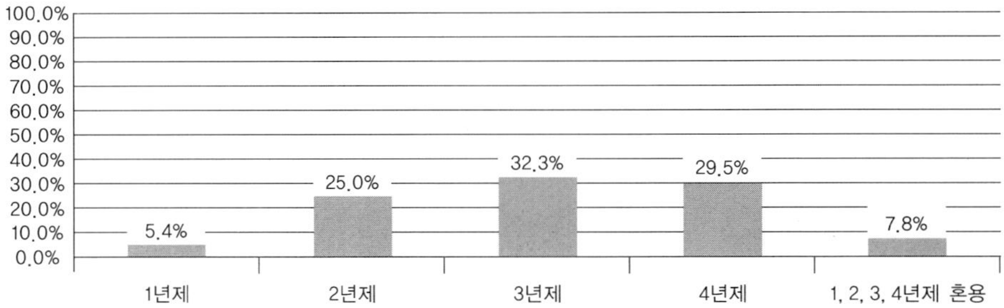

[그림-6] 통일한국 보육교사의 양성기간에 대한 전체 분석결과

인구사회학적 특성에 따라 연령, 학력수준, 교육경력, 직업 및 신분에 따라 분석한 결과는 〈표 Ⅳ-13〉과 같다.

<표 Ⅳ-13> 통일한국 보육교사의 양성기간에 대한 분석결과

N(%)

구분 \ 양성기간		1년제	2년제	3년제	4년제	1,2,3,4년혼용	전체	χ^2
연령	30세 이하	26(4.8)	109(20.1)	193(35.6)	168(30.9)	46(8.5)	542(100.0)	31.707 df=12, $p<.01$
	31~40세	17(4.8)	103(29.3)	108(30.8)	95(27.1)	28(8.0)	351(100.0)	
	41~50세	12(9.0)	42(31.3)	35(26.1)	38(28.4)	7(5.2)	134(100.0)	
	51세 이상	3(7.0)	13(30.2)	10(23.3)	15(34.9)	2(4.7)	43(100.0)	
학력수준	고교졸업	29(17.5)	53(31.9)	42(25.3)	33(19.9)	9(5.4)	166(100.0)	99.098 df=16, $p<.01$
	전문대졸	12(5.2)	49(21.2)	89(38.5)	58(25.1)	23(10.0)	231(100.0)	
	4년제대졸	9(3.0)	67(22.5)	88(29.5)	111(37.2)	23(7.7)	298(100.0)	
	대학원졸	1(1.2)	27(31.8)	20(23.5)	33(38.8)	4(4.7)	85(100.0)	
	대학교재학	7(2.4)	71(24.5)	107(36.9)	81(27.9)	24(8.3)	290(100.0)	
교육경력	없음	33(7.9)	110(26.4)	140(33.7)	93(22.4)	40(9.6)	416(100.0)	39.709 df=16, $p<.01$
	5년 미만	15(4.3)	86(24.8)	112(32.3)	108(31.1)	26(7.5)	347(100.0)	
	5~10년	4(2.4)	32(19.0)	56(33.3)	64(38.1)	12(7.1)	168(100.0)	
	11~15년	3(4.9)	16(26.2)	20(32.8)	21(34.4)	1(1.6)	61(100.0)	
	16년 이상	3(3.8)	23(29.5)	18(23.1)	30(38.5)	4(5.1)	78(100.0)	

<표 Ⅳ-13> 계속

구분＼양성기간		1년제	2년제	3년제	4년제	1,2,3,4년혼용	전체	χ^2
직업 및 신분	예비교사	18(5.5)	82(25.2)	111(34.0)	85(26.1)	30(9.2)	326(100.0)	67.782 df=16, p< .01
	영유아 교원	12(3.1)	73(18.8)	139(35.7)	142(36.5)	23(5.9)	389(100.0)	
	장학사		11(32.4)	8(23.5)	14(41.2)	1(2.9)	34(100.0)	
	학부모	9(4.7)	64(33.2)	48(24.9)	50(25.9)	22(11.4)	193(100.0)	
	북한이탈주민	19(14.8)	37(28.9)	40(31.3)	25(19.5)	7(5.5)	128(100.0)	
전체		58(5.4)	267(25.0)	346(32.3)	316(29.5)	83(7.8)	1,070(100.0)	

상술한 바와 같이 인구사회학적 특성에 따른 분석결과 연령, 학력수준, 교육경력, 직업 및 신분에 따른 차이가 나타났다. 첫째, 연령을 볼 때 연령이 낮을수록 3년제, 4년제를 선호하였고, 연령이 높아질수록 2년제를 선호하였다. 둘째, 학력수준을 볼 때 학력이 높을수록 보육교사 양성기간을 4년제를 대체적으로 선호하고 있고, 고교졸업자인 집단에서는 31.9%가 2년제를 선호하였다. 특히 고교졸업자 집단에서는 다른 집단에 비하여 상대적으로 높은 수준인 7.9%가 1년제를 선택하였다. 1년제로 운영되고 있는 보육교사교육원 출신 보육교사들의 의견이 어느 정도 반영된 것으로 사료된다. 셋째, 교육경력을 볼 때 5년 이상의 경력 집단에서 4년제를 가장 선호하였고, 경력 없음 집단에서는 일관성 없는 반응으로 나타났다. 넷째, 직업 및 신분을 볼 때 장학사, 영유아 교원 집단에서는 4년제를 가장 선호하였고, 예비교사 3년제를 가장 선호하였고, 북한이탈주민 집단에서는 3년제, 2년제 순으로 선호하면서 다른 집단에 비하여 상대적으로 높은 수준인 14.8%가 1년제를 선택하였다. 이러한 현상은 현재 북한에서 양성되고 있는 탁아소 보육원이 3~6개월의 양성기간을 거쳐 배출되고 있음이 어느 정도 반영된 것으로 사료된다.

(5) 보육교사 명칭 통일에 대하여

'통일한국의 보육시설 교사의 명칭을 보육교사로 통일하는 것에 대하여 어떻게 생각하십니까?'라는 설문문항에 대한 1,070명의 반응을 분석한 결과 평균점수는 3.66으로 나타났다. 이는 〈표 Ⅳ-14〉에 제시되어 있다. 북한의 탁아소에서 부르고 있는 보육원이라는 명칭보다는 남한에서 부르고 있는 보육교사의 명칭 사용에 어느 정도 동의하는 것으로 사료된다.

<표 Ⅳ-14> 보육교사 명칭 통일에 대한 평균 및 표준편차

평균	N	표준편차
3.66	1,070	.86

또한 보육교사의 명칭 통일에 대한 동의정도에 대하여 긍정적으로 응답한 비율은 70.0%이고, 부정적으로 응답한 비율은 11.6%이며, 유보적 입장을 나타낸 응답비율은 18.4%로 나타났다. 보육교사 명칭 통일에 대한 전체 분석결과의 내용은 〈표 Ⅳ-15〉, [그림-7]에 제시된 바와 같다.

<표 Ⅳ-15> 보육교사 명칭 통일에 대한 전체 분석결과

N(%)

구분\평정척도	매우 아니다	아니다	모르겠다	그렇다	매우 그렇다	전체
전체	22(2.1)	102(9.5)	197(18.4)	641(59.9)	108(10.1)	1,070(100.0)

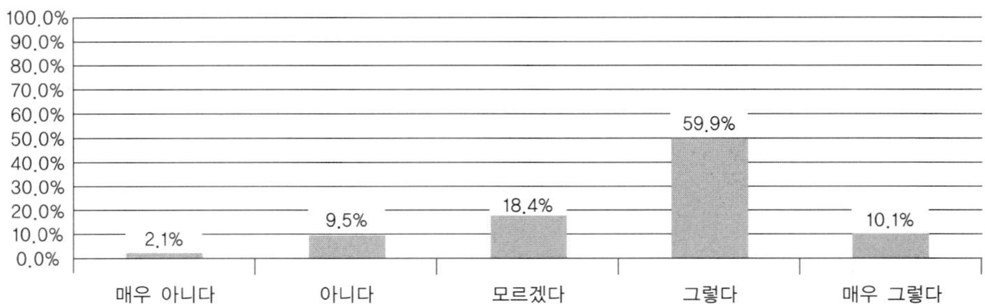

[그림-7] 보육교사 명칭 통일에 대한 전체 분석결과

인구사회학적 특성에 따른 차이를 알아보기 위하여 연령, 학력수준, 교육경력, 직업 및 신분에 따른 응답자의 반응을 분석한 결과는 〈표 Ⅳ-16〉과 같다.

<표 Ⅳ-16> 보육교사 명칭 통일에 대한 분석결과

N(%)

구분 \ 평정척도		매우 아니다	아니다	모르겠다	그렇다	매우 그렇다	전체	χ^2
연령	30세 이하	10(1.8)	52(9.6)	128(23.6)	296(54.6)	56(10.3)	542(100.0)	34.304 *df*=12, $p>.05$
	31~40세	10(2.8)	33(9.4)	50(14.2)	231(65.8)	27(7.7)	351(100.0)	
	41~50세	2(1.5)	13(9.7)	18(13.4)	82(61.2)	19(14.2)	134(100.0)	
	51세 이상		4(9.3)	1(2.3)	32(74.4)	6(14.0)	43(100.0)	
학력수준	고교졸업	1(.6)	9(5.4)	29(17.5)	100(60.2)	27(16.3)	166(100.0)	36.378 *df*=16, $p>.05$
	전문대졸	8(3.5)	20(8.7)	39(16.9)	138(59.7)	26(11.3)	231(100.0)	
	4년제대졸	6(2.0)	32(10.7)	46(15.4)	195(65.4)	19(6.4)	298(100.0)	
	대학원졸	1(1.2)	9(10.6)	13(15.3)	53(62.4)	9(10.6)	85(100.0)	
	대학교재학	6(2.1)	32(11.0)	70(24.1)	155(53.4)	27(9.3)	290(100.0)	
교육경력	없음	5(1.2)	34(8.2)	82(19.7)	259(62.3)	36(8.7)	416(100.0)	21.588 *df*=16, $p>.05$
	5년 미만	10(2.9)	30(8.6)	73(21.0)	203(58.5)	31(8.9)	347(100.0)	
	5~10년	4(2.4)	20(11.9)	24(14.3)	100(59.5)	20(11.9)	168(100.0)	
	11~15년	1(1.6)	9(14.8)	11(18.0)	31(50.8)	9(14.8)	61(100.0)	
	16년 이상	2(2.6)	9(11.5)	7(9.0)	48(61.5)	12(15.4)	78(100.0)	
직업 및 신분	예비교사	7(2.1)	34(10.4)	72(22.1)	181(55.5)	32(9.8)	326(100.0)	37.164 *df*=16, $p<.05$
	영유아 교원	10(2.6)	42(10.8)	71(18.3)	225(57.8)	41(10.5)	389(100.0)	
	장학사	1(2.9)	6(17.6)	2(5.9)	23(67.6)	2(5.9)	34(100.0)	
	학부모	4(2.1)	17(8.8)	30(15.5)	132(68.4)	10(5.2)	193(100.0)	
	북한이탈주민		3(2.3)	22(17.2)	80(62.5)	23(18.0)	128(100.0)	
전체		22(2.1)	102(9.5)	197(18.4)	641(59.9)	108(10.1)	1,070(100.0)	

상술한 바와 같이 인구사회학적 특성에 따른 분석결과, 직업 및 신분에 있어서만 의미 있는 차이를 보였고, 연령, 학력수준, 교육경력에 따라서는 유의미한 차이가 나타나지 않았다. 직업 및 신분을 볼 때 예비교사, 영유아 교원, 장학사, 학부모 집단이 모두 비슷한 수준에서 긍정적인 반응을 보인 것에 비하여 특히 북한이탈주민 집단에서는 다른 집단들보다 더 높은 수준인 80.5%가 보육교사 명칭 사용에 대하여 긍정적인 입장을 표명하였다. 북한이탈주민 집단에서도 현재 북한에서 사용하고 있는 보육원이라는 명칭보다는 교사라는 명칭이 들어간 보육교사 명칭을 더 선호하고 있는 것으로 나타나고 있다. 특히 보육교사 명칭 통일에 대한 반대 입장 표명에 대해서는 다른 집단에 비하여 상대적으로 매우 낮은 비율인 2.3%로 나타나고 있다.

(6) 통일한국 영유아 교사 양성 및 재교육 제도적 정비

'통일한국에 적합한 표준화된 영유아 교사 양성 및 재교육을 교육과정과 이를 위한 제도적 정비가 필요하다고 생각하십니까?'라는 설문문항에 대한 1,070명의 반응을 분석한 결과 평균점수는 매우 높은 수준으로 볼 수 있는 4.12로 나타났다. 이는 〈표 IV-17〉에 제시되어 있다. 대부분의 설문대상자들은 통일한국에 적합한 영유아 교사 양성 및 재교육에 대한 제도적 정비의 필요성에 대하여 동의하고 있는 것으로 나타났다.

<표 IV-17> 통일한국 영유아 교사 양성 및 재교육 제도적 정비에 대한 평균 및 표준편차

평균	N	표준편차
4.12	1,070	.71

통일한국 영유아 교사 양성 및 재교육에 대한 제도정비의 필요성에 대하여 설문 응답자의 87.2%가 긍정적으로 응답하였고, 부정적으로 응답한 비율은 1.9%에 불과하였으며, 유보적 입장을 취하고 있는 응답자의 비율은 10.9%로 나타났다. 통일한국 영유아 교사 양성 및 재교육 제도정비 전체 분석결과 내용은 〈표 IV-18〉, [그림-8]에 제시된 바와 같다.

<표 IV-18> 통일한국 영유아 교사 양성 및 재교육 제도정비 전체 분석결과

N(%)

구분\평정척도	매우 아니다	아니다	모르겠다	그렇다	매우 그렇다	전체
전체	6(0.6)	14(1.3)	117(10.9)	654(61.1)	279(26.1)	1,070(100.0)

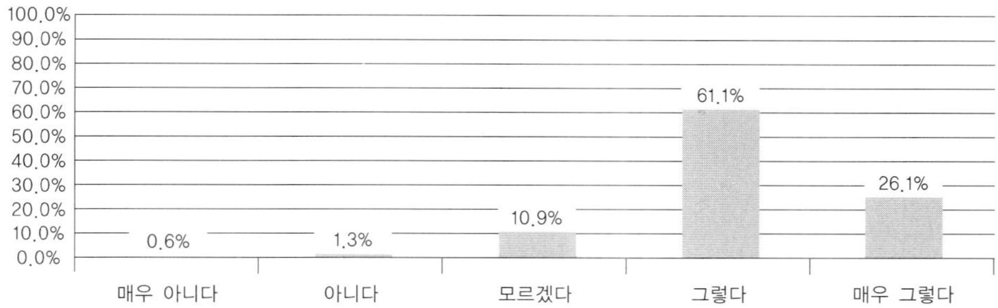

[그림-8] 통일한국 영유아 교사 양성 및 재교육 제도정비 전체 분석결과

인구사회학적 특성에 따른 차이를 알아보기 위하여 연령, 학력수준, 교육경력, 직업 및 신분에 따른 응답자의 반응을 분석한 결과는 〈표 Ⅳ-19〉와 같다.

<표 Ⅳ-19> 통일한국 영유아 교사 양성 및 재교육 제도정비 분석결과

N(%)

구분 \ 평정척도		매우 아니다	아니다	모르겠다	그렇다	매우 그렇다	전체	χ^2
연령	30세 이하	1(.2)	4(.7)	79(14.6)	330(60.9)	128(23.6)	542(100.0)	39.058 *df*=12, *p*< .05
	31~40세	4(1.1)	8(2.3)	27(7.7)	219(62.4)	93(26.5)	351(100.0)	
	41~50세		1(.7)	8(6.0)	82(61.2)	43(32.1)	134(100.0)	
	51세 이상	1(2.3)	1(2.3)	3(7.0)	23(53.5)	15(34.9)	43(100.0)	
학력	고교졸업	1(0.6)	7(4.2)	24(14.5)	97(58.4)	37(22.3)	166(100.0)	49.201 *df*=16, *p*< .05
	전문대졸	3(1.3)	3(1.3)	23(10.0)	156(67.5)	46(19.9)	231(100.0)	
	4년제대졸		2(0.7)	25(8.4)	183(61.4)	88(29.5)	298(100.0)	
	대학원졸	1(1.2)	1(1.2)	5(5.9)	42(49.4)	36(42.4)	85(100.0)	
	대학교재학	1(0.3)	1(.3)	40(13.8)	176(60.7)	72(24.8)	290(100.0)	
교육경력	없음	2(0.4)	6(1.4)	54(13.0)	259(62.3)	95(22.8)	416(100.0)	43.501 *df*=16, *p*< .05
	5년 미만	2(0.6)	5(1.4)	39(11.2)	224(64.6)	77(22.2)	347(100.0)	
	5~10년		2(1.2)	16(9.5)	98(58.3)	52(31.0)	168(100.0)	
	11~15년	1(1.6)	1(1.6)	5(8.2)	36(59.0)	18(29.5)	61(100.0)	
	16년 이상	1(1.3)		3(3.8)	37(47.4)	37(47.4)	78(100.0)	
직업 및 신분	예비교사	1(0.3)	1(0.3)	52(16.0)	190(58.3)	82(25.2)	326(100.0)	38.431 *df*=16, *p*< .05
	영유아 교원	2(0.5)	4(1.0)	32(8.2)	243(62.5)	108(27.8)	389(100.0)	
	장학사		1(2.9)	1(2.9)	17(50.0)	15(44.1)	34(100.0)	
	학부모	3(1.5)	3(1.6)	16(8.3)	127(65.8)	44(22.8)	193(100.0)	
	북한이탈주민		5(3.9)	16(12.5)	77(60.2)	30(23.4)	128(100.0)	
전체		6(0.6)	14(1.3)	117(10.9)	654(61.1)	279(26.1)	1,070(100.0)	

상술한 바와 같이 인구사회학적 특성에 따른 분석결과 연령, 학력수준, 교육경력, 직업 및 신분에 따라 차이를 나타내고 있다. 첫째, 연령을 볼 때 31~50세 이상의 대부분 연령 집단에서 매우 높은 긍정적 반응을 보였다. 30세 이하 집단에서의 유보비율은 14.6%로 상대적으로 다른 집단보다 더 높게 나타났다. 둘째, 학력수준을 볼 때 전문대졸, 4년제졸, 대학원졸, 대학교재학 집단 모두에서 매우 높은 수준의 긍정적인 반응을 나타내고 있다. 셋째, 교육경력을 볼 때 16년 이상 집단에서 가장 높은 수준의 긍정적 반응을 나타내었고, 교육경력이 없는 집단에서 다른 집단에 비하여 상대적으로 높은 수준인 13.0%가 유보적 입장을 보였다. 넷째, 직업 및 신분을 볼 때 영유아 교원, 장학사, 학부모 집단에 비하여 예비교사 및 북한이탈주민 집단의 긍정적 반응 비율이 상대적으로 낮게 나타났고, 유보비율에 있어서도 상대적으로 높은 수준인 16.0%와 12.5%로 나타났다. 이러한 현상은 아직 예비교사 신분의 위치에 있거나 혹은 아직 한국적 상황을 제대로 파악하지 못한 상태에서 교사양성 및 재교육의 필요성에 대한 판단에 따른 어려움이 다소 반영된 것으로 사료된다.

(7) 통일한국 영유아 교사의 자질

'통일한국의 영유아 교사가 갖추어야 할 가장 중요한 자질은 무엇이라고 생각하십니까?'라는 설문문항에 대한 1,070명의 반응을 분석한 결과에서는 가장 중요한 교사의 1순위권 자질은 올바른 인성과 포용력으로 나타났고, 2순위권 자질로는 다문화주의, 3순위권 자질로는 투철한 교육관, 관용의 베풂, 교수-학습능력으로 나타났으며, 4순위권 자질로는 이타적 사랑과 탐구력을 선택하였다. 통일한국 영유아 교사의 자질에 대한 전체 분석결과 내용은 〈표 Ⅳ-20〉, [그림-9]에 제시된 바와 같다.

<표 Ⅳ-20> 통일한국 영유아 교사의 자질에 대한 전체 분석결과

N(%)

교사의 자질 \ 연령	전체
교수학습능력	80(7.5)
올바른 인성	310(29.0)
공정성	26(2.4)
투철한 교육관	74(6.9)
창의력	30(2.8)
탐구력	25(2.3)
리더십	21(2.0)
포용력	207(19.3)
이타적 사랑	48(4.5)
관용의 베풂	76(7.1)
다문화주의	163(15.2)
기타	10(.9)
전체	1,070(100.0)

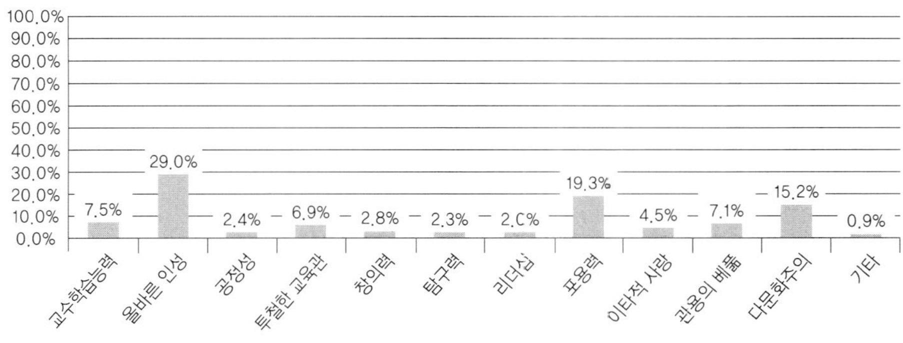

[그림-9] 통일한국 영유아 교사의 자질에 대한 전체 분석결과

설문응답자의 인구사회특성에 따른 차이를 파악하기 위해 반응을 분석한 결과 연령, 학력수준, 직업 및 신분 특성에서는 유의미한 차이를 보였고, 교육경력에서는 유의미한 차이가 나타나지 않았다. 인구사회학적 특성에 따른 차이에 대한 구체적인 내용은 다음의 <표 Ⅳ-21>과 같다.

<표 Ⅳ-21> 통일한국 영유아 교사의 자질에 대한 분석결과

N(%)

교사의 자질 \ 연령	30세 이하	31~40세	41~50세	51세 이상	전체
교수학습능력	46(8.8)	18(5.1)	11(8.2)	5(11.6)	80(7.5)
올바른 인성	152(28.0)	111(31.6)	39(29.1)	8(18.6)	310(29.0)
공정성	11(2.0)	7(2.0)	3(2.2)	5(11.60	26(2.4)
투철한 교육관	24(4.4)	28(8.0)	15(11.2)	7(16.3)	74(6.9)
창의력	15(2.8)	13(3.7)	1(.7)	1(2.3)	30(2.8)
탐구력	9(1.7)	9(2.6)	5(3.7)	2(4.7)	25(2.3)
리더십	14(2.6)	4(1.1)	3(2.2)		21(2.0)
포용력	104(19.2)	72(20.5)	23(17.2)	8(18.6)	207(19.3)
이타적 사랑	25(4.6)	16(4.6)	7(5.2)		48(4.5)
관용의 베풂	31(5.7)	27(7.7)	14(10.4)	4(9.3)	76(7.1)
다문화주의	104(19.2)	44(12.5)	12(9.0)	3(7.0)	163(15.2)
기타	7(1.2)	2(.6)	1(.7)		10(.9)
전체	542(100.0)	351(100.0)	134(100.0)	43(100.0)	1,070(100.0)
	χ^2		144.881 df=44, $p<.001$		

상술한 바와 같이 통일한국 영유아 교사의 자질에 대하여 연령별로 강조하고 있는 부분이 유의미한 차이를 보였다. 30세 이하 집단에서는 올바른 인성, 포용력, 다문화주의를 중요시 하였으며, 31~40세 집단에서는 올바른 인성, 포용력, 다문화주의를 중요시 하였다. 또한 41~50세 집단에서는 올바른 인성, 포용력을 중요시 하였고, 51세 이상 집단에서는 올바른 인성, 포용력, 투철한 교육관을 중요시 하였다. 이러한 연령적 특성에서 가장 차별화되고 있는 점은 현재 예비교사 과정에 있거나 최근 교사가 된 연령으로 볼 수 있는 30대 이하 집단에서는 다문화주의가 교사의 갖추어야 할 중요한 자질임을 밝히고 있다는 점이다. 이는 최근 교사교육 과정에서 다문화주의가 중요시 다루어지고 있는 특징이 설문문항 선택에 반영된 것으로 사료된다. 연령이 증가할수록 다문화주의에 대한 중요성 인식이 줄어들고 있는 특징은 교육 및 연수 기회와 밀접한 관련이 있을 것으로 보인다.

<표 Ⅳ-22> 학력에 따른 통일한국 영유아 교사의 자질

N(%)

교사의 자질	고교졸업	전문대졸	4년제대졸	대학원졸	대학교재학	기타	전체
교수학습능력	2(1.2)	11(4.8)	33(11.1)	12(14.1)	22(7.6)		80(7.5)
올바른 인성	22(13.5)	72(31.2)	111(37.2)	27(31.8)	78(26.9)		310(29.0)
공정성	8(4.9)	7(3.0)	3(1.0)	2(2.4)	6(2.1)		26(2.4)
투철한 교육관	26(16.0)	16(6.9)	11(3.7)	14(16.5)	6(2.1)	1(33.3)	74(6.9)
창의력	3(1.8)	10(4.3)	9(3.0)		8(2.8)		30(2.8)
탐구력	17(10.4)	4(1.7)	2(.7)	1(1.2)	1(.3)		25(2.3)
리더십	1(.6)	3(1.3)	4(1.3)	1(1.2)	12(4.1)		21(2.0)
포용력	41(25.2)	53(22.9)	50(16.8)	9(10.6)	54(18.6)		207(19.3)
이타적 사랑	14(8.6)	3(1.3)	9(3.0)	3(3.5)	18(6.2)	1(33.3)	48(4.5)
관용의 베풂	20(12.3)	19(8.2)	17(5.7)	4(4.7)	15(5.2)	1(33.3)	76(7.1)
다문화주의	8(4.9)	32(13.9)	46(15.4)	12(14.1)	65(22.4)		163(15.2)
기타	1(.6)	1(.4)	3(1.0)		5(1.7)		10(.9)
전체	163(100.0)	231(100.0)	298(100.0)	85(100.0)	290(100.0)	3(100.0)	1,070(100.0)
χ^2	263.519 df=72, $p<.001$						

상술한 바와 같이 통일한국 영유아 교사의 자질에 대하여 학력수준별로 강조하고 있는 부분이 유의미한 차이를 보였다. 고교졸업 집단에서는 포용력을 가장 중요시 하였고, 이어서 투철한 교육관, 관용의 베풂 순으로 응답하였다. 전문대졸, 4년제대졸, 대학원졸, 대학교재학 모두에서 가장 높게 1순위로 응답한 올바른 인성과는 두드러진 다른 관점으로 나타났다. 2순위로 반응한 교사의 자질을 볼 때 고고졸업, 대학원졸 집단에서는 투철한 교육관을, 전문대와 4년제대졸 집단에서는 포용력을, 대학교재학 집단에서는 다문화주의를 중요하게 생각하고 있었다. 현재 전문대학 및 4년제 대학교를 다니고 있는 학생들은 수업을 통하여 다문화주의에 대하여 상대적으로 더 많은 정보를 접하고 있는 특징이 반영된 것으로 보인다.

<표 Ⅳ-23> 교육경력에 따른 통일한국 영유아 교사의 자질

N(%)

교사의 자질	5년 미만	5~10년	10~15년	15~20년	20년 이상	없다	전체
교수학습능력	28(8.1)	18(10.7)	4(6.6)	3(14.3)	8(14.0)	19(4.6)	80(7.5)
올바른 인성	122(35.2)	46(27.4)	21(34.4)	5(23.8)	18(31.6)	98(23.6)	310(29.0)
공정성	6(1.7)	3(1.8)	2(3.3		4(7.0)	11(2.6)	26(2.4)
투철한 교육관	19(5.5)	14(8.3)	6(9.8)	2(9.5)	6(10.5)	27(6.5)	74(6.9)
창의력	10(2.9)	7(4.2)		1(4.8)	1(1.8)	11(2.6)	30(2.8)
탐구력	8(2.3)	1(.6)	1(1.6)	1(4.8)		14(3.4)	25(2.3)
리더십	7(2.0)	2(1.2)	2(3.3)			10(2.4)	21(2.0)
포용력	54(15.6)	34(20.2)	14(23.0)	4(19.0)	7(12.3)	94(22.6)	207(19.3)
이타적 사랑	6(1.7)	6(3.6)	2(3.3)		1(1.8)	33(7.9)	48(4.5)
관용의 베풂	23(6.6)	13(7.7)	4(6.6)	1(4.8)	3(5.3)	32(7.7)	76(7.1)
다문화주의	61(17.6)	23(13.7)	5(8.2)	4(19.0)	9(15.8)	61(14.7)	163(15.2)
기타	3(.9)	1(.6)				6(1.4)	10(.9)
전체	347(100.0)	168(100.0)	61(100.0)	21(100.0)	57(100.0)	416(100.0)	1070(100.0)
χ^2	78.832 df=60, $p>.05$						

상술한 바와 같이 통일한국 영유아 교사의 자질에 대하여 교육경력별로 강조하고 있는 부분에 있어서는 유의미한 차이를 나타내지 않았다. 모든 경력집단에서 올바른 인성을 가장 중요시하였고, 이어서 포용력, 다문화주의 순으로 교사의 자질을 중요시하고 있으나 서로 다른 경력집단 간의 의미 있는 차이는 나타나지 않았다.

<표 Ⅳ-24> 직업 및 신분에 따른 통일한국 영유아 교사의 자질

N(%)

교사의 자질	예비교사	영유아 교원	장학사	학부모	북한이탈주민	전체
교수학습능력	23(7.1)	46(11.8)	5(14.7)	3(1.6)	3(2.3)	80(7.5)
올바른 인성	90(27.6)	137(35.2)	10(29.40	69(35.8)	4(3.1)	310(29.0)
공정성	7(2.1)	7(1.8)	4(11.8)	3(1.6)	5(3.9)	26(2.4)
투철한 교육관	8(2.5)	24(6.2)	8(23.5)	8(4.1)	26(20.3)	74(6.9)
창의력	10(3.1)	14(3.6)		1(.5)	5(3.9)	30(2.8)

<표 Ⅳ-24> 계속

교사의 자질	예비교사	영유아 교원	장학사	학부모	북한이탈주민	전체
탐구력	1(.3)	5(1.3)		1(.5)	18(14.1)	25(2.3)
리더십	14(4.30	3(.8)		3(1.6)	1(.8)	21(2.0)
포용력	65(19.9)	65(16.7)	4(11.8)	41(21.2)	32(25.0)	207(19.3)
이타적 사랑	18(5.5)	2(.5)		13(6.7)	15(11.7)	48(4.5)
관용의 베풂	14(4.3)	20(5.1)	1(2.9)	23(11.9)	18(14.1)	76(7.1)
다문화주의	71(21.8)	64(16.5)	2(5.9)	26(13.5)		163(15.2)
기타	5(1.5)	2(.5)		2(1.0)	1(.8)	10(.9)
전체	326(100.0)	389(100.0)	34(100.0)	193(100.0)	128(100.0)	1070(100.0)
χ^2	345.462 df=48, $p<.001$					

상술한 바와 같이 통일한국 영유아 교사의 자질에 대하여 직업 및 신분에 따라 강조하고 있는 부분에 유의미한 차이를 보였다. 예비교사, 영유아 교원, 장학사, 학부모 집단에서는 올바른 인성을 가장 중요시하였으나, 북한이탈주민 집단에서만 유일하게 포용력을 가장 중요하게 생각하고 있는 점이 두드러진 특징으로 나타나고 있다. 2순위로 반응한 교사의 자질을 볼 때 영유아 교원, 학부모 집단에서는 포용력으로 나타났고, 장학사, 북한이탈주민 집단에서는 투철한 교육관으로 나타났으며, 예비교사 집단에서는 다문화주의로 응답하였다. 3순위의 영유아 교사의 자질로 나타난 것은 다문화주의, 포용력, 관용의 베풂이었다. 두드러진 특징은 북한이탈주민들이 생각하는 영유아 교사가 가져야 할 자질을 포용력, 투철한 교육관, 다문화주의 순으로 응답한 부분이다. 이러한 부분은 어렸을 때부터 정치사상 교양에 영향을 받은 부분의 영향으로 보인다.

(8) 통일한국 영유아 교사 양성 및 재교육 프로그램에서 강조할 내용요소

'통일한국의 영유아 교사 양성 및 재교육 프로그램에서 가장 강조되어야 할 교육내용 요소는 무엇이라고 생각하십니까?'라는 설문문항에 대한 1,070명의 반응을 분석한 결과에서는 가장 중요하다고 생각하는 1순위 내용요소로 '남북한 상호 이해교육'이라고 응답하였고, 2순위로 강조되어야 할 내용요소는 '다문화 반편견 교육', '심리정서 교육', '민족공동체의식 교육'으로 응답하였으며, 3순위 교육내용 요소로는 '지역사회 및 부모교육', '평화교육'으로 나타났다. 통일한국 영유아 교사 양성 및 재교육 프로그램에서 강조할 내용요소에 대한 전체 분석결과는 〈표 IV-25〉, [그림-10]에 제시된 바와 같다.

<표 IV-25> 영유아 교사 양성 및 재교육 프로그램에서 강조할 내용요소 전체 분석결과

N(%)

내용요소 \ 연령	전체
남북한 상호 이해교육	295(27.6)
민주시민 교육	32(3.0)
민족공동체의식 교육	114(10.7)
영유아 관련 전공교육	115(10.7)
전통문화 교육	39(3.6)
교수학습방법 교육	42(3.9)
체험학습활동 교육	47(4.4)
심리정서 교육	111(10.4)
다문화 반편견 교육	118(11.0)
지역사회 및 부모교육	70(6.5)
평화교육	78(7.3)
기타교육	9(.8)
전체	1,070(100.0)
χ^2	61.275 df=66, p< .05

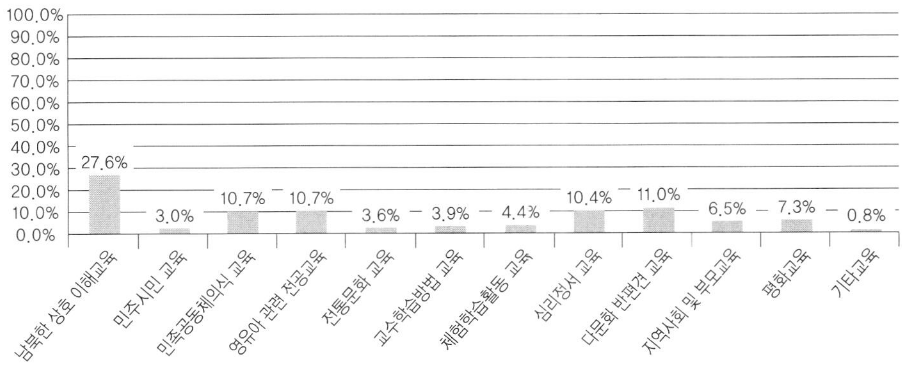

[그림-10] 통일한국 영유아 교사 양성 및 재교육 프로그램에서 강조할 내용요소 전체 분석결과

설문응답자의 인구사회특성에 따른 차이를 파악하기 위하여 응답반응을 분석한 결과 연령, 학력수준, 교육경력, 직업 및 신분 특성 모두에서 유의미한 차이를 보였다.

① 연령에 따른 프로그램에서 강조되는 내용요소

통일한국 영유아 교사 양성 및 재교육 프로그램에서 강조되고 있는 내용요소에 대하여 연령에 따른 분석결과는 〈표 Ⅳ-26〉와 같다.

<표 Ⅳ-26> 연령에 따른 영유아 교사 양성 및 재교육 프로그램에서 강조할 내용요소 N(%)

내용요소 \ 연령	30세 이하	31~40세	41~50세	50세 이상	전체
남북한 상호 이해교육	146(26.9)	95(27.1)	45(33.6)	9(20.9)	295(27.6)
민주시민 교육	17(3.1)	9(2.6)	4(3.0)	2(4.7)	32(3.0)
민족공동체의식 교육	66(12.2)	28(8.0)	12(9.0)	8(18.6)	114(10.7)
영유아 관련 전공교육	58(10.7)	44(12.5)	12(9.0)	1(2.3)	115(10.7)
전통문화 교육	20(3.7)	11(3.1)	4(3.0)	4(9.3)	39(3.6)
교수학습방법 교육	27(5.0)	10(2.8)	3(2.2)	2(4.7)	42(3.9)
체험학습활동 교육	27(5.0)	11(3.1)	7(5.2)	2(4.7)	47(4.4)
심리정서 교육	45(8.3)	49(14.0)	14(10.4)	3(7.0)	111(10.4)
다문화 반편견 교육	68(12.5)	38(10.8)	10(7.5)	2(4.7)	118(11.0)

<표 Ⅳ-26> 계속

내용요소 \ 연령	30세 이하	31~40세	41~50세	50세 이상	전체
지역사회 및 부모교육	27(5.0)	29(8.3)	10(7.5)	4(9.3)	70(6.5)
평화교육	36(6.6)	25(7.1)	11(8.2)	6(14.0)	78(7.3)
기타교육	5(.9)	2(.6)	2(1.5)		9(.8)
전체	542(100.0)	351(100.0)	134(100.0)	43(100.0)	1,070(100.0)
χ^2	61.275 df=66, p< .05				

통일한국 영유아 교사 양성 및 재교육 프로그램에서 강조해야 할 내용요소에 대하여 연령에 따른 차이를 살펴볼 때 30세 이하 집단에서는 '남북한 상호 이해 교육', '다문화 반편견 교육', '민족공동체의식 교육' 순으로 응답하였고, 31~40세 집단에서는 '남북한 상호 이해교육', '심리정서 교육', '영유아 관련 전공교육' 순으로 응답하였다. 또한 41~50세 집단에서는 '남북한 상호 이해교육', '다문화 반편견 교육'을 중요시 하였고, 50세 이상 집단에서는 '남북한 상호 이해교육', '민족공동체의식 교육', '평화교육'을 중요시 하였다. 모든 연령 집단에서 가장 강조하고 있는 내용은 '민족공동체의식 교육'으로 나타났으며 연령대 별로 약간의 차이를 보였다.

② 학력에 따라 프로그램에서 강조되는 내용요소

통일한국 영유아 교사 양성 및 재교육 프로그램에서 강조되고 있는 내용요소에 대하여 학력에 따른 분석결과는 〈표 Ⅳ-27〉과 같다.

<표 Ⅳ-27> 학력에 따른 영유아 교사 양성 및 재교육 프로그램에서 강조할 내용요소 N(%)

내용요소 \ 학력	고교졸업	전문대졸	4년제대졸	대학원졸	대학교재학	전체
남북한 상호 이해교육	18(10.8)	54(23.4)	97(32.6)	33(38.8)	93(32.1)	295(27.6)
민주시민 교육	4(2.4)	8(3.5)	9(3.0)	4(4.7)	7(2.4)	32(3.0)
민족공동체의식 교육	9(5.4)	28(12.1)	37(12.4)	10(11.8)	30(10.3)	114(10.7)
영유아 관련 전공교육	8(4.8)	31(13.4)	34(11.4)	11(12.9)	31(10.7)	115(10.7)

<표 Ⅳ-27> 계속

내용요소 \ 학력	고교졸업	전문대졸	4년제대졸	대학원졸	대학교재학	전체
전통문화 교육	9(5.4)	8(3.5)	6(2.0)	3(3.5)	13(4.5)	39(3.6)
교수학습방법 교육	4(2.4)	12(5.2)	13(4.4)	4(4.7)	9(3.1)	42(3.9)
체험학습활동 교육	23(13.9)	8(3.5)	7(2.3)	1(1.2)	8(2.8)	47(4.4)
심리정서 교육	26(15.7)	34(14.7)	25(8.4)	6(7.1)	20(6.9)	111(10.4)
다문화 반편견 교육	10(6.0)	22(9.5)	38(12.8)	8(9.4)	40(13.8)	118(11.0)
지역사회 및 부모교육	25(15.1)	17(7.4)	11(3.7)	1(1.2)	16(5.5)	70(6.5)
평화교육	28(16.9)	8(3.5)	17(5.7)	4(4.7)	21(7.2)	78(7.3)
기타교육	2(1.2)	1(.4)	4(1.3)		2(.7)	9(.8)
전체	166(100.0)	231(100.0)	298(10C.0)	85(100.0)	290(100.0)	1,070(100.0)
χ^2	183.859 df=66, p< .05					

통일한국 영유아 교사 양성 및 재교육 프로그램에서 강조해야 할 내용요소에 대하여 학력수준에 따른 차이를 살펴볼 때 고교졸업자는 평화교육, 심리정서 교육, 평화교육, 체험학습활동 교육을 강조하였고, 전문대졸, 4년제대졸, 대학원졸, 대학교 재학 모두에서는 남북한 상호 이해교육이 가장 중요하다고 응답하였다. 그 다음으로 강조되고 있는 내용요소를 볼 때 전문대졸 집단에서는 심리정서 교육, 4년제대졸에서는 다문화 반편견 교육, 민족공동체의식 교육, 대학원졸 집단에서는 영유아 관련 전공고육, 민족공동체의식 교육, 대학교재학 집단에서는 다문화 반편견 교육, 영유아 관련 전공교육, 민족공동체의식 교육을 강조하였다.

③ 경력에 따라 프로그램에서 강조되는 내용요소

통일한국 영유아 교사 양성 및 재교육 프로그램에서 강조되고 있는 내용요소에 대하여 경력에 따른 분석결과는 〈표 Ⅳ-28〉에 제시된 바와 같다.

<표 Ⅳ-28> 경력에 따른 통일한국 영유아 교사 양성 및 재교육 프로그램에서 강조할 내용요소

N(%)

내용요소 \ 경력	없음	5년 미만	5~10년	11~15년	16년 이상	전체
남북한 상호 이해교육	113(27.2)	93(26.8)	44(26.2)	14(23.0)	31(39.7)	295(27.6)
민주시민 교육	9(2.2)	14(4.0)	3(1.8)	4(6.6)	2(2.6)	32(3.0)
민족공동체의식 교육	28(6.7)	45(13.0)	20(11.9)	8(13.1)	13(16.7)	114(10.7)
영유아 관련 전공교육	31(7.5)	37(10.7)	29(17.3)	11(18.0)	7(9.0)	115(10.7)
전통문화 교육	21(5.0)	11(3.2)	1(.6)	3(4.9)	3(3.8)	39(3.6)
교수학습방법 교육	13(3.1)	15(4.3)	10(6.0)	2(3.3)	2(2.6)	42(3.9)
체험학습활동 교육	26(6.3)	12(3.5)	8(4.8)		1(1.3)	47(4.4)
심리정서 교육	59(14.2)	26(7.5)	13(7.7)	9(14.8)	4(5.1)	111(10.4)
다문화 반편견 교육	44(10.6)	43(12.4)	17(10.1)	4(6.6)	10(12.8)	118(11.0)
지역사회 및 부모교육	31(7.5)	25(7.2)	9(5.4)	3(4.9)	2(2.6)	70(6.5)
평화교육	37(8.9)	24(6.9)	12(7.1)	2(3.3)	3(3.8)	78(7.3)
기타교육	4(1.0)	2(.6)	2(1.2)	1(1.6)		9(.8)
전체	416(100.0)	347(100.0)	168(100.0)	61(100.0)	78(100.0)	1,070(100.0)
χ^2	87.752 df=55, $p<.05$					

통일한국 영유아 교사 양성 및 재교육 프로그램에서 강조해야 할 내용요소에 대하여 교육경력에 따른 차이를 살펴볼 때 모든 집단에서 남북한 상호 이해 교육에 대하여 모든 집단에서 가장 높은 응답을 하였다. 다음으로 강조되고 있는 요소들에 대하여 경력 없음 집단에서는 심리정서 교육, 5년 미만 집단에서는 민족공동체의식 교육, 5~10년 집단에서는 영유아 관련 전공교육으로 반응하였다. 또한 11~15년 집단에서는 심리정서 교육, 16년 이상 집단에서는 민족공동체의식 교육을 강조하였다.

④ 직업 및 신분에 따라 프로그램에서 강조되는 내용요소

통일한국 영유아 교사 양성 및 재교육 프로그램에서 강조되고 있는 내용요소에 대하여 직업 및 신분에 따른 분석결과는 〈표 Ⅳ-29〉에 제시된 바와 같다.

<표 Ⅳ-29> 직업 및 신분에 따른 영유아 교사 양성 및 재교육 프로그램에서 강조할 내용요소

N(%)

내용요소 \ 직업신분	예비교사	영유아 교원	장학사	학부모	북한이탈주민	전체
남북한 상호 이해교육	99(30.4)	119(30.6)	16(47.1)	56(29.0)	5(3.9)	295(27.6)
민주시민 교육	8(2.5)	16(4.1)		5(2.6)	3(2.3)	32(3.0)
민족공동체의식 교육	30(9.2)	58(14.9)	5(14.7)	15(7.8)	6(4.7)	114(10.7)
영유아 관련 전공교육	33(10.1)	60(15.4)	3(8.8)	17(8.8)	2(1.6)	115(10.7)
전통문화 교육	16(4.9)	7(1.8)	1(2.9)	6(3.1)	9(7.0)	39(3.6)
교수학습방법 교육	11(3.4)	16(4.1)	2(5.9)	8(4.1)	5(3.9)	42(3.9)
체험학습활동 교육	12(3.7)	7(1.8)		8(4.1)	20(15.6)	47(4.4)
심리정서 교육	22(6.7)	31(8.0)		34(17.6)	24(18.8)	111(10.4)
다문화 반편견 교육	43(13.2)	46(11.8)	3(8.8)	20(10.4)	6(4.7)	118(11.0)
지역사회 및 부모교육	18(5.5)	16(4.1)		11(5.7)	25(19.5)	70(6.5)
평화교육	32(9.8)	10(2.6)	4(11.8)	9(4.7)	23(18.0)	78(7.3)
기타교육	2(.6)	3(.8)		4(2.1)		9(.8)
전체	326(100.0)	389(100.0)	34(100.0)	193(100.0)	128(100.0)	1,070(100.0)
χ^2	240.080 df=66, $p<.05$					

통일한국 영유아 교사 양성 및 재교육 프로그램에서 강조해야 할 내용요소에 대하여 직업 및 신분에 따른 차이를 살펴볼 때 예비교사, 영유아 교원, 장학사, 학부모 집단에서는 '남북한 상호 이해교육'을 가장 중요시 하였다. 그러나 북한이탈주민 집단에서는 '지역사회 및 부모교육', '심리정서 교육', '평화교육', '체험학습활동 교육' 순으로 높게 반응한 것을 볼 때 남한 사회에서 현실적으로 직면하고 있는 문화적·심리적 불편이나 어려움을 해소시킬 수 있는 요구가 반영되고 있는 것으로 보인다.

(9) 질 높은 통일한국 영유아 교사 양성을 위해 가장 중요한 것

'통일한국의 영유아 교사 양성 및 재교육과정에서 질 높은 교사를 양성하기 위해 가장 중요하다고 생각하시는 것은 무엇입니까?'라는 설문문항에 대한 1,070명의 반응을 분석한 결과에서는 체계적인 양성교육과정 25.8%, 임금 및 처우개선 19.8% 순으로 가장 중요하다고 응답하였다. 그 다음으로는 양질의 교육시설설비, 교육방법의 통합노력, 교육제도 및 정책이 중요하다고 응답하였다. 통일한국 영유아 교사 양성 및 재교육과정에서 중요한 것 분석결과는 〈표 Ⅳ-30〉, [그림-11]에 제시되어 있다.

<표 Ⅳ-30> 영유아 교사 양성 및 재교육과정에서 중요한 것 전체 분석결과

N(%)

교육과정 \ 연령	전체
임금 및 처우개선	212(19.8)
체계적인 양성교육과정	276(25.8)
사상교육의 통합노력	59(5.5)
교육제도 및 정책	108(10.1)
양질의 교육시설설비	140(13.1)
교육방법의 통합노력	135(12.6)
투철한 교육관 정립	64(6.0)
국가관 및 세계관 정립	72(6.7)
기타	4(.4)
전체	1,070(100.0)
χ^2	101.554 df=32, p< .001

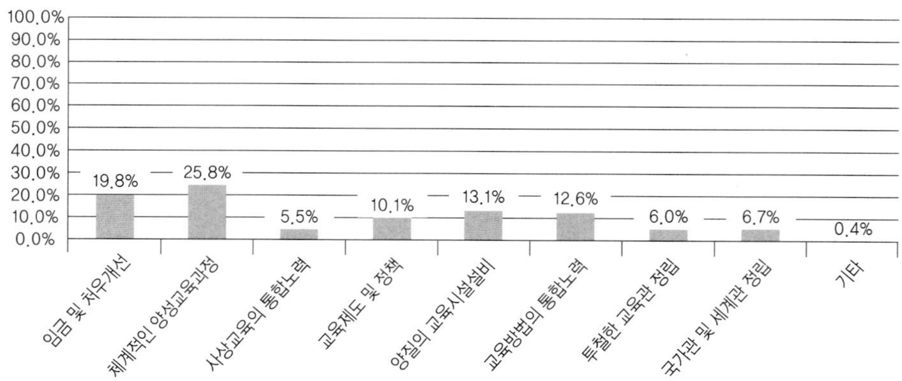

[그림-11] 통일한국 영유아 교사 양성 및 재교육과정에서 중요한 것 전체 분석결과

설문응답자들의 인구사회학적 특성에 따른 차이를 분석한 결과 연령, 학력

수준, 교육경력, 직업 및 신분 모두에서 유의미한 차이가 나타났다. 이에 대한 구체적인 내용은 다음과 같다.

① 연령에 따라 질 높은 교사 양성을 위해 중요하다고 생각하는 것

통일한국의 영유아 교사 양성 및 재교육과정에서 질 높은 교사를 양성하기 위해 가장 중요하다고 생각하는 것에 대하여 연령에 따른 분석결과는 〈표 Ⅳ-31〉과 같다.

<표 Ⅳ-31> 연령에 따라 본 질 높은 영유아 교사 양성 및 재교육과정에서 중요한 것 N(%)

교육과정 \ 연령	30세 이하	31~40세	41~50세	51세 이상	전체
임금 및 처우개선	134(24.7)	50(14.2)	24(17.9)	4(9.3)	212(19.8)
체계적 양성교육과정	123(22.7)	113(32.2)	33(24.6)	7(16.3)	276(25.8)
사상교육의 통합노력	33(6.1)	19(5.4)	4(3.0)	3(7.0)	59(5.5)
교육제도 및 정책	59(10.9)	23(6.6)	20(14.9)	6(14.0)	108(10.1)
양질의 교육시설설비	85(15.7)	40(11.4)	9(6.7)	6(14.0)	140(13.1)
교육방법의 통합노력	59(10.9)	49(14.0)	21(15.7)	6(14.0)	135(12.6)
투철한 교육관 정립	21(3.9)	32(9.1)	9(6.7)	2(4.7)	64(6.0)
국가관 및 세계관 정립	28(5.2)	25(7.1)	12(9.0)	7(16.3)	72(6.7)
기타			2(1.5)	2(4.7)	4(.4)
전체	542(100.0)	351(100.0)	134(100.0)	43(100.0)	1,070(100.0)
χ^2	101.554 df=32, p< .001				

질 높은 통일한국 영유아 교사 양성 및 재교육을 위해 가장 중요한 것에 대하여 연령적 특성을 살펴볼 때 30세 이하 집단에서는 임금 및 처우개선을 가장 중요시 하였고, 31~40세, 41~50세, 51세 이상 집단에서는 체계적인 양성교육과정을 가장 중요시 하였다. 교사의 연령이 어릴수록 자신의 능력에 대한 정당한 대우를 매우 중요하게 생각하고 있고, 연령이 높아질수록 체계적인 교육 및 재교육 시스템을 더 중요하게 생각하고 있는 것으로 나타나고 있다.

② 학력에 따라 질 높은 교사 양성을 위해 중요하다고 생각하는 것

통일한국의 영유아 교사 양성 및 재교육과정에서 질 높은 교사를 양성하기 위해 가장 중요하다고 생각하는 것에 대하여 학력에 따른 분석결과는 <표 IV-32>와 같다.

<표 IV-32> 학력에 따라 본 질 높은 영유아 교사 양성 및 재교육과정에서 중요한 것 N(%)

교육과정 \ 학력	고교졸업	전문대졸	4년제대졸	대학원졸	대학교재학	전체
임금 및 처우개선	12(7.2)	54(23.4)	61(20.5)	14(16.5)	71(24.5)	212(19.8)
체계적 양성교육과정	21(12.7)	63(27.3)	106(35.6)	26(30.6)	60(20.7)	276(25.8)
사상교육의 통합노력	11(6.6)	11(4.8)	11(3.7)	7(8.2)	19(6.6)	59(5.5)
교육제도 및 정책	21(12.7)	17(7.4)	20(6.7)	12(14.1)	38(13.1)	108(10.1)
양질의 교육시설설비	19(11.4)	45(19.5)	33(11.1)	5(5.9)	38(13.1)	140(13.1)
교육방법의 통합노력	37(22.2)	28(12.1)	30(10.1)	6(7.1)	34(11.7)	135(12.6)
투철한 교육관 정립	20(12.0)	7(3.0)	21(7.0)	4(4.7)	12(4.1)	64(6.0)
국가관 및 세계관 정립	23(13.9)	6(2.6)	14(4.7)	11(12.9)	18(6.2)	72(6.7)
기타	2(1.2)		2(.7)			4(.4)
전체	166(100.0)	231(100.0)	298(100.0)	85(100.0)	290(100.0)	1,070(100.0)
χ^2	164.358 df=48, $p<.001$					

질 높은 통일한국 영유아 교사 양성 및 재교육을 위해 가장 중요한 것에 대하여 학력수준 특성에 따라 살펴볼 때 고교졸업 집단에서는 교육방법의 통합노력을 가장 중요시하고 있고, 전문대졸, 4년제대졸, 대학원 집단에서는 체계적인 양성교육과정을 가장 중요시하고 있으며, 대학교 재학 집단에서는 임금 및 처우개선의 문제를 가장 중요하게 생각하고 있는 것으로 나타나고 있다.

③ 경력에 따라 질 높은 교사 양성을 위해 중요하다고 생각하는 것

통일한국의 영유아 교사 양성 및 재교육과정에서 질 높은 교사를 양성하기 위해 가장 중요하다고 생각하는 것에 대하여 경력에 따른 분석결과는 <표 IV-33>과 같다.

<표 Ⅳ-33> 경력에 따라 본 질 높은 영유아 교사 양성 및 재교육과정에서 중요한 것 N(%)

교육과정 \ 경력	없음	5년 미만	5~10년	11~15년	16년 이상	전체
임금 및 처우개선	63(15.1)	81(23.3)	44(26.2)	13(21.3)	11(14.1)	212(19.8)
체계적 양성교육과정	90(21.6)	98(28.2)	47(28.0)	15(24.6)	26(33.3)	276(25.8)
사상교육의 통합노력	30(7.2)	16(4.6)	7(4.2)	2(3.3)	4(5.1)	59(5.5)
교육제도 및 정책	48(11.5)	29(8.4)	13(7.7)	6(9.8)	12(15.4)	108(10.1)
양질의 교육시설설비	54(13.0)	42(12.1)	24(14.3)	9(14.8)	11(14.1)	140(13.1)
교육방법의 통합노력	66(15.9)	44(12.7)	12(7.1)	7(11.5)	6(7.7)	135(12.6)
투철한 교육관 정립	31(7.5)	15(4.3)	11(6.5)	5(8.2)	2(2.6)	64(6.0)
국가관 및 세계관 정립	32(7.7)	22(6.3)	10(6.0)	2(3.3)	6(7.7)	72(6.7)
기타	2(.5)			2(3.3)		4(.4)
전체	416(100.0)	347(100.0)	168(100.0)	61(100.0)	78(100.0)	1070(100.0)
χ^2	67.058 df=40, p< .005					

질 높은 통일한국 영유아 교사 양성 및 재교육을 위해 가장 중요한 것에 대하여 교육경력에 따른 특성을 살펴볼 때 모든 경력 집단에서는 체계적인 양성교육과정을 가장 중요시 하였고, 다음으로는 모든 집단에서 임금 및 처우개선을 중요하게 생각하는 것으로 나타나고 있다. 새롭게 교직분야에 진출하여 적응해 나가고 있거나 전문성을 높여가고 있는 초기경력 단계에 있는 교사들에게 교직의 질적인 문제를 증진시키기 위해서는 체계적인 양성교육과정, 안정적인 임금 및 처우개선 문제가 매우 중요한 부분으로 생각되고 있음을 알 수 있는 증거로 사료된다.

④ 직업 및 신분에 따라 질 높은 교사 양성을 위해 중요하다고 생각하는 것

통일한국의 영유아 교사 양성 및 재교육과정에서 질 높은 교사를 양성하기 위해 가장 중요하다고 생각하는 것에 대하여 직업에 따른 분석결과는 <표 Ⅳ-34>와 같다.

<표 Ⅳ-34> 직업 및 신분에 따라 본 질 높은 영유아 교사 양성 및 재교육과정에서 중요한 것

N(%)

교육과정 \ 직업신분	예비교사	영유아 교원	장학사	학부모	북한이탈주민	전체
임금 및 처우개선	81(24.8)	114(29.3)	2(5.9)	13(6.7)	2(1.6)	212(19.8)
체계적 양성교육과정	68(20.9)	123(31.6)	13(38.2)	62(32.1)	10(7.8)	276(25.8)
사상교육의 통합노력	21(6.4)	16(4.1)	2(5.9)	9(4.7)	11(8.6)	59(5.5)
교육제도 및 정책	36(11.0)	30(7.7)	6(17.6)	17(8.8)	19(14.8)	108(10.1)
양질의 교육시설설비	46(14.1)	54(13.9)	2(5.9)	24(12.4)	14(10.9)	140(13.1)
교육방법의 통합노력	41(12.6)	28(7.2)	2(5.9)	32(16.6)	32(25.0)	135(12.6)
투철한 교육관 정립	13(4.0)	12(3.1)		16(8.3)	23(18.0)	64(6.0)
국가관 및 세계관 정립	20(6.1)	12(3.1)	7(20.6)	16(8.3)	17(13.3)	72(6.7)
기타				4(2.1)		4(.4)
전체	326(100.0)	389(100.0)	34(100.0)	193(100.0)	128(100.00	1070(100.0)
χ^2	171.236 df=32, $p<$ .001					

질 높은 통일한국 영유아 교사 양성 및 재교육을 위해 가장 중요한 것에 대하여 직업 및 신분에 따른 차이를 볼 때 예비교사 집단에서는 임금 및 처우개선이 가장 중요하다고 응답하였으며, 영유아 교원, 장학사, 학부모 집단에서는 체계적 양성교육과정이 가장 중요하다고 응답하였다. 특히 북한이탈주민 집단에서는 교육방법의 통합노력, 투철한 교육관 정립, 교육제도 및 정책 순으로 응답하였다. 북한에서의 겪어 왔던 교육적 경험 중 교육과정에서 강조되고 있는 교육방법, 사상교육 등의 영향이 설문응답에 반영된 것으로 사료된다.

(10) 현재 영유아 교사 양성 및 재교육과정에서의 통일교육 실시 정도

통일교육의 실시 정도를 묻는 문항에 대하여 1,070명의 반응을 분석한 결과 영유아 교사 양성 및 재교육과정에서의 통일교육은 부정적 응답수준에 해당되는 평균 2.59로 나타났다. 이는 다음의 〈표 Ⅳ-35〉에 제시되어 있다. 이러한 결과는 지금까지 양성교육 및 재교육과정에서 통일교육에 대한 내용이 충분히 다루어지지 않았음을 나타내는 하나의 지표라 할 수 있다.

<표 Ⅳ-35> 영유아 교사 양성 및 재교육과정에서의 통일교육 실시 정도에 대한 평균 및 표준편차

평균	N	표준편차
2.44	1,070	.90

또한 영유아 교사 양성 및 재교육과정에서의 통일교육 실시정도에 대한 설문문항에 대하여 겨우 10.9%만 긍정적으로 응답하였고, 54.4%가 부정적으로 응답하였으며, 34.7%가 유보적으로 응답하였다. 대체적으로 양성 및 재교육과정에서 통일교육이 잘 이루어지지 않고 있음을 말해주고 있다. 현재 영유아 교사 양성 및 재교육과정에서의 통일교육 실시 정도에 대한 전체 분석결과 내용은 <표 Ⅳ-36>, [그림-12]에 제시된 바와 같다.

<표 Ⅳ-36> 현재 영유아 교사 양성 및 재교육과정에서의 통일교육 실시 정도 전체 분석결과

N(%)

구분 \ 평정척도	매우 아니다	아니다	모르겠다	그렇다	매우 그렇다	전체
전체	153(14.3)	429(40.1)	371(34.7)	101(9.4)	16(1.5)	1,070(100.0)

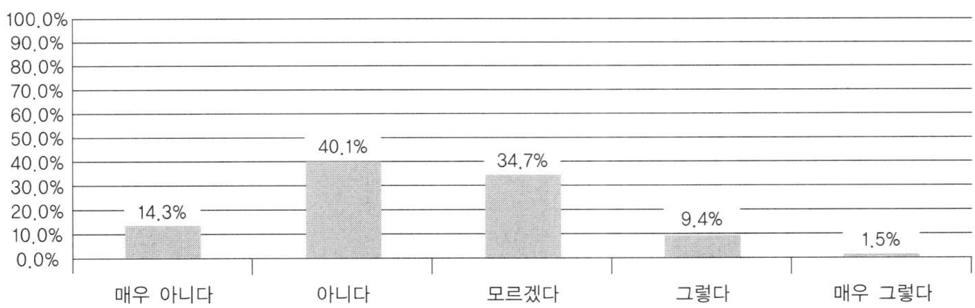

[그림-12] 현재 영유아 교사 양성 및 재교육과정에서의 통일교육 실시 정도 전체 분석결과

인구사회학적 특성에 따른 차이를 알아보기 위하여 연령, 학력수준, 교육경력, 직업 및 신분에 따른 응답자의 반응을 분석한 결과는 다음의 <표 Ⅳ-37>과 같다.

<표 Ⅳ-37> 현재 영유아 교사 양성 및 재교육과정에서의 통일교육 실시 정도

N(%)

구분＼평정척도		매우 아니다	아니다	모르겠다	그렇다	매우 그렇다	전체	χ^2
연령	30세 이하	72(13.3)	223(41.1)	197(36.3)	44(8.1)	6(1.1)	542(100.0)	41.444 *df*=12, $p<.005$
	31~40세	57(16.2)	139(39.6)	124(35.3)	26(7.4)	5(1.4)	351(100.0)	
	41~50세	17(12.7)	57(42.5)	37(27.6)	19(14.2)	4(3.0)	134(100.0)	
	51세 이상	7(16.3)	10(23.3)	13(30.2)	12(27.9)	1(2.3)	43(100.0)	
학력수준	고교졸업	6(3.6)	19(11.4)	81(48.8)	49(29.5)	11(6.6)	166(100.0)	222.780 *df*=16, $p<.001$
	전문대졸	33(14.3)	105(45.5)	74(32.0)	18(7.8)	1(0.4)	231(100.0)	
	4년제대졸	60(20.1)	139(46.6)	85(28.5)	14(4.7)		298(100.0)	
	대학원졸	18(21.2)	41(48.2)	21(24.7)	2(2.4)	3(3.5)	85(100.0)	
	대학교재학	36(12.4)	125(43.1)	110(37.9)	18(6.2)	1(0.3)	290(100.0)	
교육경력	없음	32(7.7)	130(31.3)	196(47.1)	51(12.3)	7(1.7)	416(100.0)	85.546 *df*=16 $p<.001$
	5년 미만	55(15.9)	157(45.2)	106(30.5)	26(7.5)	3(0.9)	347(100.0)	
	5~10년	32(19.0)	77(45.8)	42(25.0)	14(8.3)	3(1.8)	168(100.0)	
	11~15년	15(24.6)	25(41.0)	13(21.3)	7(11.5)	1(1.6)	61(100.0)	
	16년 이상	19(24.4)	40(51.3)	14(17.9)	3(3.8)	2(2.6)	78(100.0)	
직업 및 신분	예비교사	39(12.0)	140(42.9)	124(38.0)	20(6.1)	3(0.9)	326(100.0)	348.114 *df*=16 $p<.001$
	영유아 교원	92(23.7)	196(50.4)	78(20.1)	22(5.7)	1(0.3)	389(100.0)	
	장학사	5(14.7)	20(58.8)	9(26.5)			34(100.0)	
	학부모	17(8.8)	70(36.3)	97(50.3)	8(4.1)	1(0.5)	193(100.0)	
	북한이탈주민		3(2.3)	63(49.2)	51(39.8)	11(8.6)	128(100.0)	
전체		153(14.3)	429(40.1)	371(34.7)	101(9.4)	16(1.5)	1070(100.0)	

상술한 바와 같이 인구사회학적 특성에 따른 분석결과 연령, 학력수준, 교육경력, 직업 및 신분 모두에서 통계적으로 유의미한 차이가 나타났다. 첫째, 연령적 특성을 볼 때 대부분의 연령 집단에서 부정적이거나 유보적 입장이 강하게 나타났고, 51세 이상 집단에서만 두드러지게 유보적이거나 긍정적 반응이 우세하였다. 둘째, 학력수준으로 볼 때 대부분의 학력수준 집단에서 부정적이거나 유보적 입장이 우세하였고, 고교졸업 집단에서만 긍정적 입장이 우세하였다. 셋째, 교육경력을 볼 때 모든 집단에서 부정적이거나 유보적 입장으로 나타났다. 넷째, 직업 및 신분을 볼 때 예비교사, 영유아 교원, 장학사, 학부모 집단에서는 부정적이거나 유보적 입장이 우세하게 나타났다. 북한이탈주민의 경우에는 단지 2.3%만이 부정적 반응을 나타내었고, 49.2%가 유보적

이었고, 48.4%가 긍정적 반응을 보였다. 이러한 의견은 이념교육 등을 포함한 북한 사회에서의 경험이 어느 정도 반영된 것으로 추정된다.

(11) 현재 남한의 영유아 교사 양성 및 재교육에서의 통일교육에 대한 추가적 필요성

'통일한국을 대비하여 현재 남한의 영유아 교사 양성 및 재교육과정에서 통일교육에 대한 내용이 더 많이 포함되어야 한다고 생각하십니까?'라는 설문문항에 대하여 1,070명의 반응을 분석한 결과 평균점수는 3.63으로 나타났다. 이는 다음의 〈표 Ⅳ-38〉에 제시되어 있다. 이러한 결과는 영유아 교원 양성과정 및 재교육과정에서 통일교육에 대한 내용이 더 추가되어야 함을 말해 주는 증거로 볼 수 있다.

<표 Ⅳ-38> 영유아 교사 양성 및 재교육에서 통일교육 내용의 추가 필요성에 대한 평균 및 표준편차

평균	N	표준편차
3.63	1,070	.79

또한 영유아 교사 양성 및 재교육에서의 통일교육에 대한 추가적 필요성에 대하여 긍정적으로 응답한 비율은 63.4%이고, 부정적으로 응답한 비율은 8.6%이며, 아직 유보적 입장을 보인 반응비율은 28.0%로 나타났다. 현재 영유아 교사 양성 및 재교육과정에서의 통일교육 실시 정도에 대한 전체 분석결과 내용과 현재 영유아 교사 양성 및 재교육과정에서 통일교육 내용의 추가 필요성에 대한 전체 분석결과 내용은 〈표 Ⅳ-39〉, [그림-13]에 제시된 바와 같다.

<표 Ⅳ-39> 현재 영유아 교사 양성 및 재교육과정에서 통일교육 내용의 추가 필요성 전체 분석결과

N(%)

연령 \ 평정척도	매우 아니다	아니다	모르겠다	그렇다	매우 그렇다	전체
전체	5(0.5)	87(8.1)	300(28.0)	580(54.2)	98(9.2)	1,070(100.0)

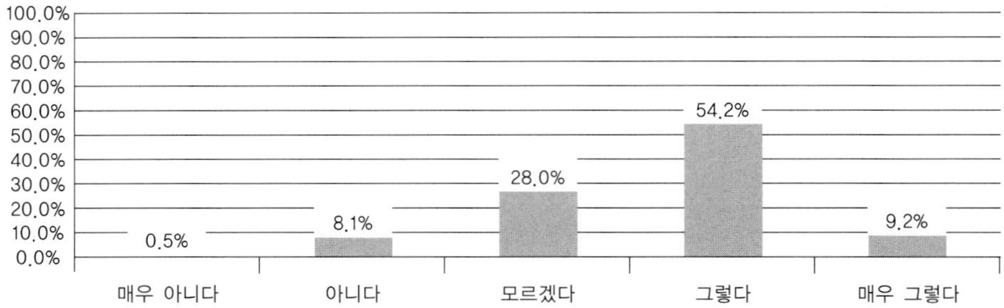

[그림-13] 현재 영유아 교사 양성 및 재교육과정에서 통일교육 내용의 추가 필요성 전체 분석결과

인구사회학적 특성에 따른 차이를 알아보기 위하여 연령, 학력수준, 교육경력, 직업 및 신분에 따른 응답자의 반응을 분석한 결과는 다음의 〈표 IV-40〉과 같다.

<표 IV-40> 현재 영유아 교사 양성 및 재교육과정에서 통일교육 내용의 추가 필요성 N(%)

연령 \ 평정척도		매우 아니다	아니다	모르겠다	그렇다	매우 그렇다	전체	χ^2
연령	30세 이하	5(0.9)	53(9.8)	184(33.9)	263(48.5)	37(6.8)	542(100.0)	48.546 df=12 $p<.001$
	31~40세		23(6.6)	89(25.4)	204(58.1)	35(10.0)	351(100.0)	
	41~50세		9(6.7)	23(17.2)	83(61.9)	19(14.2)	134(100.0)	
	51세 이상		2(4.7)	4(9.3)	30(69.8)	7(16.3)	43(100.0)	
학력수준	고교졸업		9(5.4)	43(25.9)	97(58.4)	17(10.2)	166(100.0)	53.997 df=16 $p<.005$
	전문대졸	1(0.4)	19(8.2)	66(28.6)	132(57.1)	13(5.6)	231(100.0)	
	4년제대졸	2(0.7)	18(6.0)	76(25.5)	166(55.7)	36(12.1)	298(100.0)	
	대학원졸		5(5.9)	9(10.6)	57(67.1)	14(16.5)	85(100.0)	
	대학교재학	2(0.7)	36(12.4)	106(36.6)	128(44.1)	18(6.2)	290(100.0)	
교육경력	없음	1(0.2)	33(7.9)	144(34.6)	212(51.0)	26(6.3)	416(100.0)	60.533 df=16 $p<.001$
	5년 미만	3(0.9)	33(9.5)	109(31.4)	174(50.1)	28(8.1)	347(100.0)	
	5~10년	1(0.6)	14(8.3)	30(17.9)	103(61.3)	20(11.9)	168(100.0)	
	11~15년		4(6.6)	10(16.4)	40(65.6)	7(11.5)	61(100.0)	
	16년 이상		3(3.8)	7(9.0)	51(65.4)	17(21.8)	78(100.0)	
직업 및 신분	예비교사	2(0.6)	41(12.6)	122(37.4)	142(43.6)	19(5.8)	326(100.0)	70.067 df=16 $p<.001$
	영유아 교원	3(0.8)	21(5.4)	86(22.1)	231(59.4)	48(12.3)	389(100.0)	
	장학사		4(11.8)	2(5.9)	23(67.6)	5(14.7)	34(100.0)	
	학부모		15(7.8)	63(32.6)	107(55.4)	8(4.1)	193(100.0)	
	북한이탈주민		6(4.7)	27(21.1)	77(60.2)	18(14.1)	128(100.0)	
전체		5(0.5)	87(8.1)	300(28.0)	580(54.2)	98(9.2)	1,070(100.0)	

상술한 바와 같이 인구사회학적 특성에 따른 분석결과 연령, 학력수준, 교육경력, 직업 및 신분 모두에서 통계적으로 의의 있는 차이가 나타났다. 첫째, 연령적 특성을 볼 때 나이가 높아질수록 통일교육의 내용이 더 추가되어야 한다고 밝히고 있다. 둘째, 학력수준에서 볼 때 대학교 재학 집단에서 상대적으로 가장 낮은 긍정적 반응 비율을 나타내었고 36.6% 정도의 높은 수준에서 유보적 반응을 보였다. 특히 대학원졸 집단에서 83.6%의 가장 높은 긍정적 반응 비율을 보였다. 셋째, 교육경력을 볼 때 대체적으로 교육경력이 낮을수록 필요성에 대한 반응비율이 낮게 나타나고 있다. 넷째, 직업 및 신분을 볼 때 장학사 집단에서 가장 높은 82.3%의 반응비율을 보이고 있고, 예비교사 집단에서 가장 낮은 49.4%의 반응비율을 나타내고 있다.

(12) 기존 자격증의 교환 필요성

'통일한국에서는 기존의 남북한 영유아 교원 자격증을 상호 인정하여 새로운 교원 자격증으로 교환해 주는 절차가 필요하다고 생각하십니까?'라는 설문 문항에 대하여 1,070명의 반응을 분석한 결과 긍정적 응답수준인 평균 3.72로 나타났다. 이는 다음의 〈표 Ⅳ-41〉에 제시되어 있다. 이러한 결과는 현재 남북한에서 통용되고 있는 영유아 교원 자격증에 대하여 통일한국에서는 새로운 자격증을 부여할 필요성이 있음을 말해 주는 증거로 볼 수 있다.

<표 Ⅳ-41> 기존 자격증의 교환 필요성에 대한 평균 및 표준편차

평균	N	표준편차
3.72	1,070	.81

또한 영유아 교원의 기존 자격증을 교환해야 하는 필요성에 대하여 긍정적으로 응답한 비율은 74.4%이고, 부정적으로 응답한 비율은 10.1%이며, 유보적 입장을 보이고 있는 반응비율은 15.5%로 나타나고 있다. 대체적으로 자격증을 교

환해 주는 것에 대하여 긍정적인 입장을 보이고 있다. 기존 자격증 교환 필요성에 대한 전체 분석결과 내용은 〈표 Ⅳ-42〉, [그림-14]에 제시된 바와 같다.

<표 Ⅳ-42> 기존 자격증의 교환 필요성에 대한 전체 분석결과

N(%)

연령 \ 평정척도	매우 아니다	아니다	모르겠다	그렇다	매우 그렇다	전체
전체	15(1.4)	93(8.7)	166(15.5)	677(63.3)	119(11.1)	1,070(100.0)

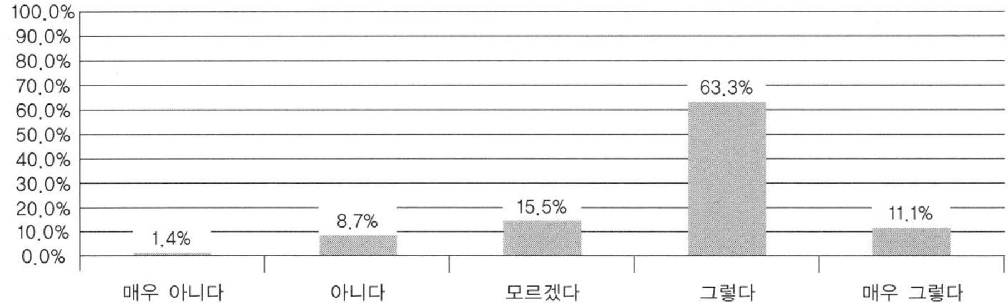

[그림-14] 기존 자격증의 교환 필요성에 대한 전체 분석결과

인구사회학적 특성에 따른 차이를 알아보기 위하여 연령, 학력수준, 교육경력, 직업 및 신분에 따른 응답자의 반응을 분석한 결과는 다음의 〈표 Ⅳ-43〉에 제시된 바와 같다.

<표 Ⅳ-43> 기존 자격증의 교환 필요성에 대한 분석결과

N(%)

연령 \ 평정척도		매우 아니다	아니다	모르겠다	그렇다	매우 그렇다	전체	χ^2
연령	30세 이하	8(1.5)	47(8.7)	105(19.4)	326(60.1)	56(10.3)	542(100.0)	30.790 df=12 p< .05
	31~40세	3(.9)	35(10.0)	38(10.8)	232(66.1)	43(12.3)	351(100.0)	
	41~50세	1(.7)	11(8.2)	15(11.2)	92(68.7)	15(11.2)	134(100.0)	
	51세 이상	3(7.0)		8(18.6)	27(62.8)	5(11.6)	43(100.0)	
학력수준	고교졸업		18(10.8)	32(19.3)	101(60.8)	15(9.0)	166(100.0)	46.918 df=16 p< .05
	전문대졸	2(.9)	20(8.7)	39(16.9)	145(62.8)	25(10.8)	231(100.0)	
	4년제대졸	1(.3)	24(8.1)	33(11.1)	198(66.4)	42(14.1)	298(100.0)	
	대학원졸	5(5.9)	3(3.5)	7(8.2)	55(64.7)	15(17.6)	85(100.0)	
	대학교재학	7(2.4)	28(9.7)	55(19.0)	178(61.4)	22(7.6)	290(100.0)	

<표 Ⅳ-43> 계속

연령 \ 평정척도		매우 아니다	아니다	모르겠다	그렇다	매우 그렇다	전체	χ^2
교육경력	없음	4(1.0)	44(10.6)	69(16.6)	264(63.5)	35(8.4)	416(100.0)	
	5년 미만	6(1.7)	28(8.1)	63(18.2)	218(62.8)	32(9.2)	347(100.0)	46.101
	5~10년		10(6.0)	22(13.1)	108(64.3)	28(16.7)	168(100.0)	df=16
	11~15년	1(1.6)	7(11.5)	6(9.8)	35(57.4)	12(19.7)	61(100.0)	$p<.05$
	16년 이상	4(5.1)	4(5.1)	6(7.7)	52(66.7)	12(15.4)	78(100.0)	
직업 및 신분	예비교사	6(1.8)	38(11.7)	59(18.1)	199(61.0)	24(7.4)	326(100.0)	
	영유아 교원	5(1.3)	25(6.4)	53(13.6)	239(61.4)	67(17.2)	389(100.0)	46.554
	장학사	2(5.9)		5(14.7)	25(73.5)	2(5.9)	34(100.0)	df=16
	학부모	2(1.0)	21(10.9)	24(12.4)	134(69.4)	12(6.2)	193(100.0)	$p<.05$
	북한이탈주민		9(7.0)	25(19.5)	80(62.5)	14(10.9)	128(100.0)	
전체		15(1.4)	93(8.7)	166(15.5)	677(63.3)	119(11.1)	1,070(100.0)	

상술한 바와 같이 인구사회학적 특성에 따른 분석결과 학력수준에 있어서는 통계적으로 의미 있는 차이가 나타났고, 연령, 학력수준, 교육경력, 직업 및 신분에 있어서는 의미 있는 차이가 없는 것으로 나타났다. 학력수준을 볼 때 대체적으로 학력이 높을수록 기존 자격증의 교환 필요성에 대하여 더 높게 응답하는 경향을 보였다. 대학원 졸업 집단에서 73.9%가 긍정적 반응을 보였고, 고교졸업 집단에서 가장 낮은 58.1%의 반응비율을 나타내었다.

(13) 자격증을 교환할 때의 재교육 실시 여부

'통일한국에서 새로운 교원 자격증으로 교환해 줄 때 일정한 시간의 재교육 과정을 수료한 후에 자격증을 부여하는 방안에 대하여 어떻게 생각하십니까?' 라는 설문문항에 대하여 1,070명의 반응을 분석한 결과 긍정적 응답수준인 평균 3.87로 나타났다. 이는 다음의 〈표 Ⅳ-44〉에 제시되어 있다. 이러한 결과는 그동안 남북한에서 취득한 자격증을 새로운 자격증으로 교환해 줄 때에는 통일한국의 영유아교육에 필요한 재교육과정을 이수하도록 하는 것이 바람직하다고 생각하고 있는 증거로 보인다.

<표 IV-44> 자격증을 호환할 때의 재교육 실시 여부에 대한 평균 및 표준편차

평균	N	표준편차
3.87	1,070	.85

또한 새로운 교원 자격증을 교환해 줄 때 일정한 시간의 재교육과정을 수료하도록 하는 방안에 대하여 긍정적으로 동의하는 비율은 77.1%이고, 부정적으로 응답한 비율은 8.1%이며, 유보적 입장을 보이고 있는 반응비율은 14.8%로 나타나고 있다. 자격증을 상호 교환할 때의 재교육 여부 전체 분석결과 내용은 〈표 IV-45〉, [그림-15]에 제시된 바와 같다.

<표 IV-45> 자격증을 상호 교환할 때의 재교육 여부 전체 분석결과

N(%)

구분 \ 평정척도	매우 아니다	아니다	모르겠다	그렇다	매우 그렇다	전체
전체	17(1.6)	70(6.5)	158(14.8)	620(57.9)	205(19.2)	1,070(100.0)

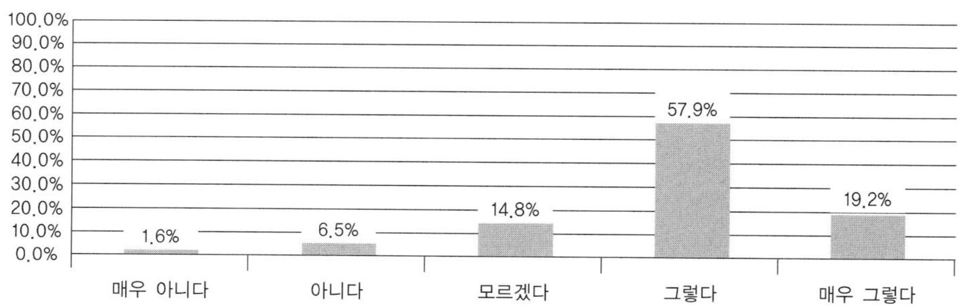

[그림-15] 자격증을 상호 교환할 때의 재교육 여부 전체 분석결과

인구사회학적 특성에 따른 차이를 알아보기 위하여 연령, 학력수준, 교육경력, 직업 및 신분에 따른 응답자의 반응을 분석한 결과는 다음의 〈표 IV-46〉과 같다.

<표 Ⅳ-46> 자격증을 상호 교환할 때의 재교육 여부 분석결과

N(%)

구분 \ 평정척도		매우 아니다	아니다	모르겠다	그렇다	매우 그렇다	전체	χ^2
연령	30세 이하	12(2.2)	53(9.8)	103(19.0)	297(54.8)	77(14.2)	542(100.0)	78.713 df=12 $p<.001$
	31~40세	2(.6)	14(4.0)	31(8.8)	214(61.0)	90(25.6)	351(100.0)	
	41~50세	2(1.5)	2(1.5)	17(12.7)	83(65.7)	25(18.7)	134(100.0)	
	51세 이상	1(2.3)	1(2.3)	7(16.3)	21(48.8)	13(30.2)	43(100.0)	
학력수준	고교졸업		7(4.2)	55(33.1)	83(50.0)	21(12.7)	166(100.0)	127.223 df=16 $p<.001$
	전문대졸	5(2.2)	19(8.2)	25(10.8)	147(63.6)	35(15.2)	231(100.0)	
	4년제대졸	3(1.0)	11(3.7)	27(9.1)	183(61.4)	74(24.8)	298(100.0)	
	대학원졸	1(1.2)	1(1.2)	1(1.2)	51(60.0)	31(36.5)	85(100.0)	
	대학교재학	8(2.8)	32(11.0)	50(17.2)	156(53.8)	44(15.2)	290(100.0)	
교육경력	없음	6(1.4)	24(5.8)	70(16.8)	233(56.0)	83(20.0)	416(100.0)	45.157 df=16 $p<.001$
	5년 미만	8(2.3)	37(10.7)	55(15.9)	194(55.9)	53(15.3)	347(100.0)	
	5~10년	1(.6)	8(4.8)	22(13.1)	106(63.1)	31(18.5)	168(100.0)	
	11~15년	1(1.6)		9(14.8)	39(63.9)	12(19.7)	61(100.0)	
	16년 이상	1(1.3)	1(1.3)	2(2.6)	48(61.5)	26(33.3)	78(100.0)	
직업 및 신분	예비교사	7(2.1)	37(11.3)	56(17.2)	177(54.3)	49(15.0)	326(100.0)	84.361 df=16 $p<.001$
	영유아 교원	9(2.3)	24(6.2)	45(11.6)	231(59.4)	80(20.6)	389(100.0)	
	장학사			2(5.9)	22(64.7)	10(29.4)	34(100.0)	
	학부모	1(.5)	4(2.1)	14(7.3)	122(63.2)	52(26.9)	193(100.0)	
	북한이탈주민		5(3.9)	41(32.0)	68(53.1)	14(10.9)	128(100.0)	
전체		17(1.6)	70(6.5)	158(14.8)	620(57.9)	205(19.2)	1,070(100.0)	

상술한 바와 같이 인구사회학적 특성에 따른 분석결과 연령, 학력수준, 교육경력, 직업 및 신분에 있어서 모두 유의미한 차이가 나타났다. 첫째, 연령을 볼 때 31~40세, 41~50세, 51세 이상 집단에서 높은 긍정적 반응비율을 보였고, 30세 이하 집단에서 가장 낮은 69.0%의 긍정적 반응비율을 보였고 반대 12.0%, 유보 19.0%로 나타났다. 둘째, 학력수준을 볼 때 대체적으로 학력이 높을수록 기존 자격증을 교환할 때 일정한 시간의 재교육이 필요하다고 응답하였다. 즉, 대학원 졸업 집단에서 67.4%가 긍정적 반응을 보였고, 고교졸업 집단에서 가장 낮은 62.7%의 반응비율을 보였다. 셋째, 교육경력을 볼 때 교육경력이 높아질수록 긍정적 반응비율이 더 높게 나타났다. 16년 이상 집단에서는 94.8%가 긍정적으로 반응하였다. 넷째, 직업 및 신분을 볼 때 긍정적 비율

을 나타낸 정도는 장학사 집단에서 94.1%로 가장 높게 나타났고, 그 다음으로는 학부모, 영유아 교원, 예비교사, 북한이탈주민 순으로 나타났다. 북한이탈주민의 반응에서 두드러진 점은 32.0%가 매우 높은 수준의 유보적 입장을 보이고 있다는 점이다.

2) 북한이탈주민 지원 방안

(1) 북한이탈청소년의 차세대 영유아교육 전문가 육성의 필요성

'북한이탈청소년들 중에서 인재를 선발하여 대학의 영유아교육 분야로 입학시켜 차세대 영유아교육 전문가로 양성할 필요가 있다고 생각하십니까?'라는 설문문항에 대하여 1,070명의 반응을 분석한 결과 비교적 낮은 긍정적 응답수준으로 볼 수 있는 3.35점으로 나타났다. 이는 다음의 〈표 Ⅳ-47〉에 제시되어 있다. 그동안 남북한이 각각 이질적인 교육제도에서 태어나서 자란 사회문화적 경험의 차이를 극복하여 적응하는 것에 대한 염려가 어느 정도 반영된 것으로 사료된다.

<표 Ⅳ-47> 북한이탈청소년의 차세대 영유아교육 전문가 육성의 필요성에 대한 평균 및 표준편차

평균	N	표준편차
3.35	1,070	.93

또한 북한이탈청소년들에 대한 차세대 영유아교육 전문가 육성의 필요성에 대하여 긍정적으로 동의하는 비율은 51.8% 수준에 머물고 있고, 부정적으로 응답한 비율은 19.6%에 이르며, 유보적 입장을 보이고 있는 반응비율도 28.6%로 나타나고 있다. 북한이탈청소년의 차세대 영유아교육 전문가 육성의 필요성 전체 분석결과 내용은 〈표 Ⅳ-48〉, [그림-16]에 제시된 바와 같다.

<표 Ⅳ-48> 북한이탈청소년의 차세대 영유아교육 전문가 육성의 필요성 전체 분석결과

N(%)

구분 \ 평정척도	매우 아니다	아니다	모르겠다	그렇다	매우 그렇다	전체
전체	34(3.2)	176(16.4)	306(28.6)	490(45.8)	64(6.0)	1,070(100.0)

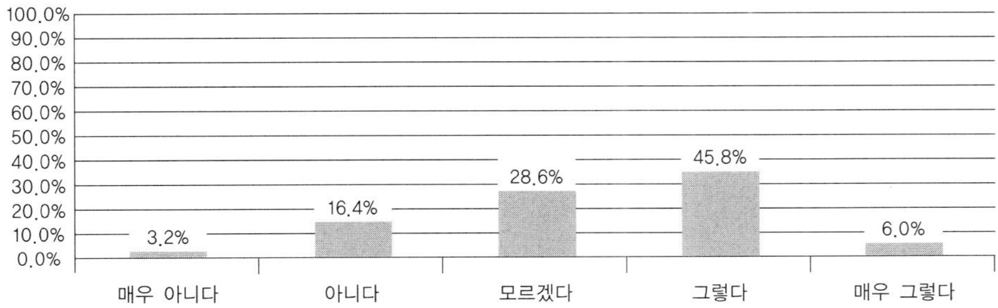

[그림-16] 북한이탈청소년의 차세대 영유아교육 전문가 육성의 필요성 전체 분석결과

인구사회학적 특성에 따른 차이를 알아보기 위하여 연령, 학력수준, 교육경력, 직업 및 신분에 따른 응답자의 반응을 분석한 결과는 다음의 <표 Ⅳ-49>와 같다.

<표 Ⅳ-49> 북한이탈청소년의 차세대 영유아교육 전문가 육성의 필요성

N(%)

구분 \ 평정척도		매우 아니다	아니다	모르겠다	그렇다	마우 그렇다	전체	χ^2
연령	30세 이하	18(3.3)	103(19.0)	189(34.9)	208(38.4)	24(4.4)	542(100.0)	55.477 *df*=12 *p*< .001
	31~40세	9(2.6)	47(13.4)	90(25.6)	181(51.6)	24(6.8)	351(100.0)	
	41~50세	3(2.2)	24(17.9)	20(14.9)	75(56.0)	12(9.0)	134(100.0)	
	51세 이상	4(9.3)	2(4.7)	7(16.3)	26(60.5)	4(9.3)	43(100.0)	
학력수준	고교졸업		9(5.4)	30(18.1)	100(60.2)	27(16.3)	166(100.0)	109.571 *df*=16 *p*< .001
	전문대졸	6(2.6)	38(16.5)	74(32.0)	99(42.9)	14(6.1)	231(100.0)	
	4년제대졸	8(2.7)	49(16.4)	94(31.5)	135(45.3)	12(4.0)	298(100.0)	
	대학원졸	7(8.2)	16(18.8)	9(10.6)	48(56.5)	5(5.9)	85(100.0)	
	대학교재학	13(4.5)	64(22.1)	99(34.1)	108(37.2)	6(2.1)	290(100.0)	
교육경력	없음	13(3.1)	73(17.5)	105(25.2)	192(46.2)	33(7.9)	416(100.0)	33.673 *df*=16 *p*< .001
	5년 미만	8(2.3)	59(17.0)	115(33.1)	146(42.1)	19(5.5)	347(100.0)	
	5~10년	3(1.8)	24(14.3)	54(32.1)	84(50.0)	3(1.8)	168(100.0)	
	11~15년	3(4.9)	6(9.8)	17(27.9)	29(47.5)	6(9.8)	61(100.0)	
	16년 이상	7(9.0)	14(17.9)	15(19.2)	39(50.0)	3(3.8)	78(100.0)	

<표 Ⅳ-49> 계속

구분 \ 평정척도		매우 아니다	아니다	모르겠다	그렇다	매우 그렇다	전체	χ^2
직업 및 신분	예비교사	14(4.3)	71(21.8)	101(31.0)	128(39.3)	12(3.7)	326(100.0)	
	영유아 교원	14(3.6)	64(16.5)	131(33.7)	166(42.7)	14(3.6)	389(100.0)	137.091
	장학사	3(8.8)	5(14.7)	8(23.5)	18(52.9)		34(100.0)	df=16
	학부모	3(1.6)	33(17.1)	54(28.0)	94(48.7)	9(4.7)	193(100.0)	$p<$ .001
	북한이탈주민		3(2.3)	12(9.4)	84(65.6)	29(22.7)	128(100.0)	
전체		34(3.2)	176(16.4)	306(28.6)	490(45.8)	64(6.0)	1,070(100.0)	

상술한 바와 같이 인구사회학적 특성에 따른 분석결과 연령, 학력수준, 교육경력, 직업 및 신분에 있어서는 유의미한 차이가 나타났다. 첫째, 연령을 볼 때 30세 이하 연령 집단에서 가장 낮은 42.8% 수준의 긍정적 지지를 보였고, 연령이 증가함에 따라 긍정적 지지수준이 높아지고 있는 것으로 나타났다. 둘째, 학력수준을 볼 때 고교졸업 집단에서 76.5%의 가장 높은 긍정적 지지를 보였고, 대학교 재학 집단에서 39.3%의 가장 낮은 수준의 긍정적 지지를 보였다. 셋째, 교육경력에서 볼 때 모든 집단에서 고르게 긍정적 지지를 보였으나, 51세 이상 집단에서 반대 의견이 28.9%로 상대적으로 높게 나타났다. 넷째, 직업 및 신분을 볼 때 북한이탈주민 집단이 88.3%로 가장 높은 긍정적 지지를 보였고, 영유아 교원 집단에서 43.0%의 낮은 긍정적 지지를 보였다.

(2) 북한이탈주민의 영유아 교사 양성 및 재교육 방안

'북한이탈주민 중에서 교육역량이 있는 자들을 교사로 양성 및 재교육하여 영유아 교사로 취업시켜 통일역군으로 육성해 나가는 것은 어떻습니까?'라는 설문문항에 대하여 1,070명의 반응을 분석한 결과 3.32점으로 나타났다. 평균점수가 3.00점 이상인 경우부터 긍정적 응답수준을 볼 때 이는 매우 낮은 수준의 긍정적 반응으로 평가될 수 있다. 이는 다음의 〈표 Ⅳ-50〉에 제시되어 있다. 남북한의 서로 다른 이질적인 교육제도에서 태어나서 자란 사회문화적 경험의 차이를 극복하여 적응하는 것에 대한 염려가 반영된 것으로 보인다.

<표 Ⅳ-50> 북한이탈주민의 영유아 교사 양성 및 재교육 방안에 대한 평균 및 표준편차

평균	N	표준편차
3.32	1,070	.92

또한 북한이탈주민의 영유아교육 전문가 육성 및 재교육의 필요성에 대한 질문에 대하여 긍정적으로 응답한 비율은 51.8%에 불과하였고, 부정적인 입장을 표명한 비율이 19.6%였으며, 유보적 입장을 보인 비율도 28.6%나 되었다. 북한이탈주민의 영유아 교사 양성 및 재교육 방안 전체 분석결과 내용은 〈표 Ⅳ-51〉, [그림-17]에 제시된 바와 같다.

<표 Ⅳ-51> 북한이탈주민의 영유아 교사 양성 및 재교육 방안 전체 분석결과

N(%)

구분 \ 평정척도	매우 아니다	아니다	모르겠다	그렇다	매우 그렇다	전체
전체	37(3.5)	165(15.4)	347(32.4)	462(43.2)	59(5.5)	1,070(100.0)

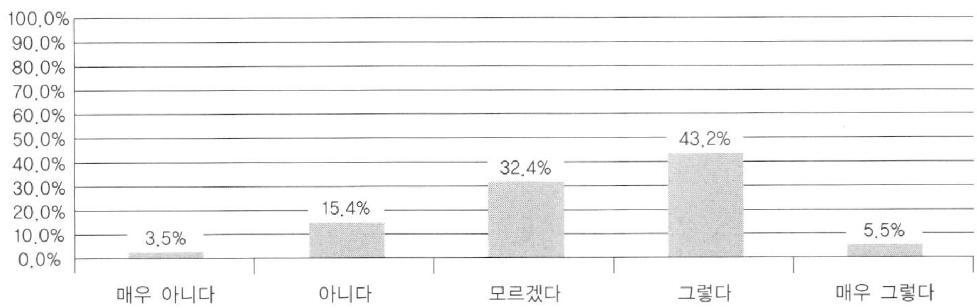

[그림-17] 북한이탈주민의 영유아 교사 양성 및 재교육 방안 전체 분석결과

인구사회학적 특성에 따른 차이를 알아보기 위하여 연령, 학력수준, 교육경력, 직업 및 신분에 대하여 응답자의 반응을 분석한 결과는 다음의 〈표 Ⅳ-52〉와 같다.

<표 Ⅳ-52> 북한이탈주민의 영유아 교사 양성 및 재교육 방안 분석결과

N(%)

구분＼평정척도		매우 아니다	아니다	모르겠다	그렇다	매우 그렇다	전체	χ^2
연령	30세 이하	22(4.1)	86(15.9)	218(40.2)	197(36.3)	19(3.5)	542(100.0)	63.180
	31~40세	8(2.3)	51(14.5)	105(29.9)	166(47.3)	21(6.0)	351(100.0)	df=12
	41~50세	6(4.5)	22(16.4)	18(13.40	75(56.0)	13(9.7)	134(100.0)	$p<$ .001
	51세 이상	1(2.3)	6(14.0)	6(14.0)	24(55.8)	6(14.0)	43(100.0)	
학력수준	고교졸업		10(6.0)	43(25.9)	83(50.0)	30(18.1)	166(100.0)	
	전문대졸	7(3.0)	39(16.9)	85(36.8)	85(36.8)	15(6.5)	231(100.0)	124.397
	4년제대졸	10(3.4)	50(16.8)	94(31.5)	141(47.3)	3(1.0)	298(100.0)	df=16
	대학원졸	6(7.1)	15(17.6)	10(11.8)	48(56.5)	6(7.1)	85(100.0)	$p<$ .001
	대학교재학	14(4.8)	51(17.6)	115(39.7)	105(36.2)	5(1.7)	290(100.0)	
교육경력	없음	15(3.6)	61(14.7)	133(32.0)	177(42.5)	30(7.2)	416(100.0)	
	5년 미만	9(2.6)	53(15.3)	134(38.6)	135(38.9)	16(4.6)	347(100.0)	37.653
	5~10년	4(2.4)	24(14.3)	57(33.9)	76(45.2)	7(4.2)	168(100.0)	df=16
	11~15년	2(3.3)	12(19.7)	14(23.0)	31(50.8)	2(3.3)	61(100.0)	$p<$ .05
	16년 이상	7(9.0)	15(19.2)	9(11.5)	43(55.1)	4(5.1)	78(100.0)	
직업 및 신분	예비교사	15(4.6)	59(18.1)	124(38.0)	120(36.8)	8(2.5)	326(100.0)	
	영유아 교원	16(4.1)	69(17.7)	133(34.2)	162(41.6)	9(2.3)	389(100.0)	161.553
	장학사	1(2.9)	5(14.7)	5(14.7)	20(58.8)	3(8.8)	34(100.0)	df=16
	학부모	5(2.6)	29(15.0)	64(33.2)	89(46.1)	6(3.1)	193(100.0)	$p<$ .001
	북한이탈주민		3(2.3)	21(16.4)	71(55.5)	33(25.8)	128(100.0)	
전체		37(3.5)	165(15.4)	347(32.4)	462(43.2)	59(5.5)	1,070(100.0)	

상술한 바와 같이 인구사회학적 특성에 따른 분석결과 연령, 학력수준, 교육경력, 직업 및 신분에 있어서는 유의미한 차이가 나타났다. 첫째, 연령을 볼 때 30세 이하 집단에서 39.8%의 가장 낮은 긍정적 지지를 보였고, 대체적으로 연령의 증가에 따라 지지율이 증가하였으며, 51세 이상 집단에서 가장 높은 69.8% 수준의 긍정적 지지를 보였다. 둘째, 학력수준을 볼 때 고교졸업 집단에서 가장 높은 68.1%의 지지를 보였고, 대학교 재학 집단에서 가장 낮은 37.9% 수준의 긍정적 지지를 보였다. 셋째, 교육경력을 볼 때 대부분의 집단에서 비슷한 수준으로 지지하였고, 5년 미만의 집단에서 가장 낮은 43.5%의 긍정적 지지를 보였다. 넷째, 직업 및 신분을 볼 때 북한이탈주민 집단이 81.3%로 매우 높은 수준의 긍정적 지지를 보였고, 예비교사 집단에서 가장 낮은 39.3.0%

수준의 반응을 나타내었다. 대체적인 경향성은 경력이 높을수록, 연령이 높을수록, 북한이탈주민 집단에서 높은 긍정적 지지를 보였고, 연령이 낮은 집단에서 낮은 긍정적 지지를 보였다.

(3) 북한이탈주민 및 청소년의 영유아 교사 양성 및 재교육 비용 국가 부담여부

'북한이탈청소년과 주민의 영유아 교사 전문가 및 영유아 교사 양성 및 재교육에 소요되는 비용을 국가에서 부담하는 것에 대해서는 어떻게 생각하십니까?'라는 설문문항에 대하여 1,070명의 반응을 분석한 결과 비교적 낮은 긍정적 응답수준으로 볼 수 있는 3.62 수준으로 나타났다. 이는 다음의 〈표 IV-53〉에 제시되어 있다.

<표 IV-53> 북한이탈주민 및 청소년 영유아 교사 양성 및 재교육 비용 국가 부담여부에 대한 평균 및 표준편차

평균	N	표준편차
3.62	1,070	1.01

북한이탈주민 및 청소년 영유아 교사 양성 및 재교육 비용의 국가 부담에 대한 설문문항에서 북한이탈주민 및 청소년 영유아 교사 양성 및 재교육 방안에 대하여 설문응답자의 47.6%가 긍정적으로 응답을 하였고, 17.8%가 부정적으로 응답하였으며, 유보적 입장을 표명한 비율은 24.6%로 나타났다. 북한이탈주민 및 청소년 영유아 교사 양성 및 재교육 비용 국가 부담 전체 분석결과 내용은 〈표 IV-54〉, [그림-18]에 제시된 바와 같다.

<표 IV-54> 북한이탈주민 및 청소년 영유아 교사 양성 및 재교육 비용 국가 부담여부 전체 분석결과

N(%)

구분 \ 평정척도	매우 아니다	아니다	모르겠다	그렇다	매우 그렇다	전체
전체	35(3.3)	155(14.5)	263(24.6)	492(46.0)	125(11.6)	1,070(100.0)

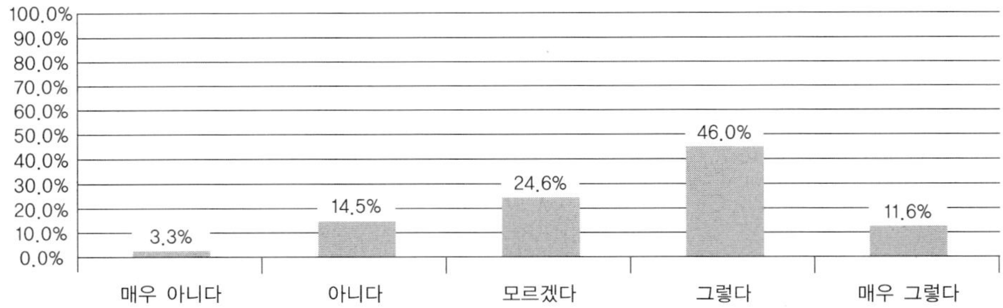

[그림-18] 북한이탈주민 및 청소년 영유아 교사 양성 및 재교육 비용 국가 부담여부 전체 분석결과

인구사회학적 특성에 따른 차이를 알아보기 위하여 연령, 학력수준, 교육경력, 직업 및 신분에 대하여 응답자의 반응을 분석한 결과는 다음의 〈표 Ⅳ-55〉와 같다.

<표 Ⅳ-55> 북한이탈주민 및 청소년 영유아 교사 양성 및 재교육 비용 국가 부담여부 N(%)

구분＼평정척도		매우 아니다	아니다	모르겠다	그렇다	매우 그렇다	전체	χ^2
연령	30세 이하	14(2.6)	83(15.3)	147(27.1)	228(42.1)	70(12.9)	542(100.0)	44.677 df=12 p< .05
	31~40세	17(4.8)	63(17.9)	83(23.6)	152(43.3)	36(10.3)	351(100.0)	
	41~50세	3(2.2)	9(6.7)	21(15.7)	88(65.7)	13(9.7)	134(100.0)	
	51세 이상	1(2.3)		12(27.9)	24(55.8)	6(14.0)	43(100.0)	
학력수준	고교졸업	1(.6)	15(9.0)	51(30.7)	82(49.4)	17(10.2)	166(100.0)	45.502 df=16 p< .05
	전문대졸	7(3.0)	44(19.0)	63(27.3)	87(37.7)	30(13.0)	231(100.0)	
	4년제대졸	14(4.7)	52(17.4)	67(22.5)	140(47.0)	25(8.4)	298(100.0)	
	대학원졸	4(4.7)	7(8.2)	12(14.1)	53(62.4)	9(10.6)	85(100.0)	
	대학교재학	9(3.1)	37(12.8)	70(24.1)	130(44.8)	44(15.2)	290(100.0)	
교육경력	없음	11(2.6)	55(13.2)	114(27.4)	183(44.0)	53(12.7)	416(100.0)	32.597 df=16 p< .05
	5년 미만	9(2.6)	53(15.3)	84(24.2)	163(47.0)	38(11.0)	347(100.0)	
	5~10년	11(6.5)	31(18.5)	43(25.6)	65(38.7)	18(10.7)	168(100.0)	
	11~15년	2(3.3)	9(14.8)	11(18.0)	30(49.2)	9(14.8)	61(100.0)	
	16년 이상	2(2.6)	7(9.0)	11(14.1)	51(65.4)	7(9.0)	78(100.0)	
직업 및 신분	예비교사	10(3.1)	46(14.1)	77(23.6)	141(43.3)	52(16.0)	326(100.0)	50.471 df=16 p< .05
	영유아 교원	19(4.9)	76(19.5)	90(23.1)	163(41.9)	41(10.6)	389(100.0)	
	장학사		3(8.8)	5(14.7)	24(70.6)	2(5.9)	34(100.0)	
	학부모	6(3.1)	25(13.0)	49(25.4)	97(50.3)	16(8.3)	193(100.0)	
	북한이탈주민		5(3.9)	42(32.8)	67(52.3)	14(10.9)	128(100.0)	
전체		35(3.3)	155(14.5)	263(24.6)	492(46.0)	125(11.6)	1,070(100.0)	

상술한 바와 같이 인구사회학적 특성을 볼 때 연령, 학력수준, 교육경력, 직업 및 신분에서 유의미한 차이를 나타내었다. 첫째, 연령에 따른 차이를 볼 때 41~50세 집단에서 가장 높은 75.4% 수준의 긍정적 지지를 보였고, 31~40세 집단에서 가장 낮은 53.6%의 긍정적 지지를 보였다. 둘째, 학력수준에 따른 차이를 볼 때 대학원졸업 집단에서 가장 높은 73.0% 수준의 긍정적 지지를 보였고, 전문대학졸업 집단에서 가장 낮은 50.7%의 긍정적 지지를 보였다. 셋째, 교육경력에 따른 차이를 볼 때 16년 이상 경력 집단에서 가장 높은 74.4%의 긍정적 지지를 보였고, 5~10년 집단에서 가장 낮은 49.4%의 응답 반응비율을 나타내었다. 넷째, 직업 및 신분에 따른 차이를 볼 때 장학사(행정가) 집단에서 가장 높은 반응비율인 76.5%의 긍정적 지지를 나타내었고, 예비교사 집단에서 가장 낮은 49.3%의 반응비율을 나타내었다. 국가에서의 비용부담에 대한 생각은 교육행정을 담당하고 있는 장학사(행정가) 집단에서 긍정적 반응비율이 높게 나타났고, 특히 북한이탈주민 집단에서는 상대적으로 높은 수준에서 양성 및 재교육을 위한 비용을 국가에서 부담하기를 기대하고 있는 것으로 나타났다.

(4) 영유아 교사 자격증 취득 후 남한 사회 이해를 위한 수습기간의 필요성

'북한이탈청소년과 주민이 교사자격을 취득하고 영유아 교사로 취업하는 경우 남한 사회의 충분한 이해와 적응을 위하여 어느 정도의 수습기간이 필요하다고 생각하십니까?'라는 설문문항에 대하여 1,070명의 반응을 분석한 결과 자격증을 취득한 후에 남한 사회를 위한 수습기간에 대하여 38.0%가 2년 이상에 반응하였고, 다음으로는 1년 이상이 35.0%로 나타났으며, 6개월~1년은 23.5%로 나타났다. 수습기간이 불필요하다고 응답한 비율은 1% 미만의 낮은 수준인 .05%로 나타났다. 영유아 교사 자격증 취득 후 남한 사회 이해를 위한 수습기간의 필요성에 대하여 다음의 〈표 Ⅳ-56〉, [그림-19]에 제시된 바와 같다.

<표 IV-56> 영유아 교사 자격증 취득 후 남한 사회 이해를 위한 수습기간의 필요성

N(%)

구분	불필요	6개월 미만	6개월~1년	1년 이상	2년 이상	전체
전체	5(.5)	33(3.1)	251(23.5)	374(35.0)	407(38.0)	1,070(100.0)

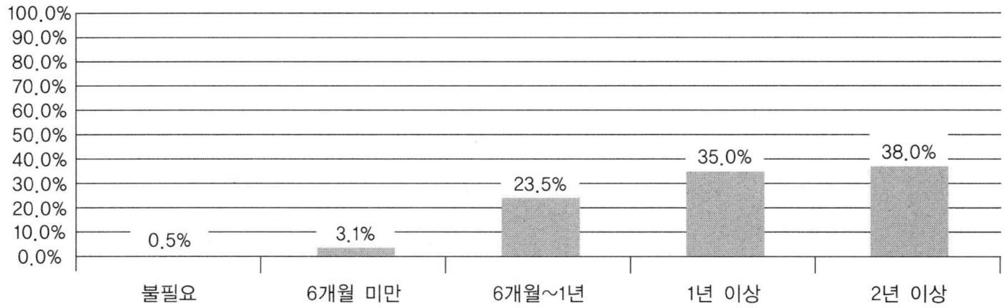

[그림-19] 영유아 교사 자격증 취득 후 남한 사회 이해를 위한 수습기간의 필요성 전체 분석결과

인구사회특성에 따른 분석결과 직업 및 신분에서만 유의미한 차이가 나타났고, 연령, 학력수준, 교육경력에서는 유의미한 차이가 나타나지 않았으며 연령, 학력수준, 교육경력, 직업 및 신분에 따른 응답자의 반응을 분석한 결과는 다음의 〈표 IV-57〉에 제시된 바와 같다.

<표 IV-57> 영유아 교사 자격증 취득 후 남한 사회 이해를 위한 수습기간의 필요성

구분		불필요	6개월 미만	6개월~1년	1년 이상	2년 이상	전체	χ^2
연령	20세 미만		1(3.0)	2(.8)	10(2.7)	4(1.0)	17(1.6)	22.499 *df*=16, *p*> .05
	20~30세	2(40.0)	18(54.5)	133(53.0)	181(48.4)	191(46.9)	525(49.1)	
	31~40세	1(20.0)	6(18.2)	84(33.5)	120(32.1)	140(34.4)	351(32.8)	
	41~50세	1(20.0)	8(24.2)	22(8.8)	51(13.6)	52(12.8)	134(12.5)	
	50세 이상	1(20.0)		10(4.0)	12(3.2)	20(4.9)	43(4.0)	
학력수준	고교졸업	2(40.0)	12(36.4)	41(16.3)	63(16.8)	45(11.1)	163(15.2)	41.612 *df*=24, *p*< .05
	전문대졸	2(40.0)	7(21.20	62(24.7)	76(20.3)	84(20.6)	231(21.6)	
	4년제대졸		3(9.1)	73(29.1)	100(26.7)	122(30.0)	298(27.9)	
	대학원졸		1(3.0)	15(6.0)	28(7.5)	41(10.1)	85(7.9)	
	대학교재학	1(20.0)	10(30.3)	58(23.1)	106(28.3)	115(28.3)	290(27.1)	
	기타			2(.8)	1(.3)		3(.3)	

<표 Ⅳ-57> 계속

구분		불필요	6개월 미만	6개월~1년	1년 이상	2년 이상	전체	χ^2
교육경력	5년 미만		10(30.3)	85(33.9)	116(31.0)	136(33.4)	347(32.4)	29.689 *df*=20, *p*> .05
	5~10년		1(3.0)	44(17.5)	66(17.6)	57(14.0)	168(15.7)	
	11~15년	1(20.0)	3(9.1)	17(6.8)	16(4.3)	24(5.9)	61(5.7)	
	16~20년			7(2.8)	6(1.6)	8(2.0)	21(2.0)	
	21년 이상			7(2.8)	29(7.8)	21(5.2)	57(5.3)	
	없다	4(80.0)	19(57.6)	91(36.3)	141(37.7)	161(39.6)	416(38.9)	
직업 및 신분	예비교사	2(.6)	13(4.0)	59(18.1)	108(33.1)	144(44.2)	326(100.0)	53.959 *df*=16, *p*< .05
	영유아 교원	1(.3)	9(2.3)	116(29.8)	133(34.2)	130(33.4)	389(100.0)	
	장학사			5(14.7)	14(41.2)	15(44.1)	34(100.0)	
	학부모		2(1.0)	37(19.2)	63(32.6)	91(47.2)	193(100.0)	
	북한이탈주민	2(1.6)	9(7.0)	34(26.6)	56(43.8)	27(21.1)	128(100.0)	
전체		5(.5)	33(3.1)	251(23.5)	374(35.0)	407(38.0)	1,070(100.0)	

상술한 바와 같이 직업 및 신분에 따른 차이를 볼 때 예비교사, 장학사, 학부모 집단에서 2년 이상의 수습기간에 더 높게 반응하였으며 특히 학부모 집단에서는 47.2%가 2년 이상의 수습기간을 원하였다. 한편 영유아 교원, 북한이탈주민 집단에서는 1년 이상의 수습기간에 더 높게 반응하였다. 특히 북한이탈주민 집단에서는 2년 이상의 수습기간에 대해서는 가장 낮은 21.1%로 응답하였고, 1년 이상의 수습기간에 대해서는 가장 높은 수준인 43.8%로 응답하였다. 이러한 결과는 북한이탈주민들이 남한에서 영유아 교사 자격증을 취득하여도 남한 사회의 사회문화적 분위기를 파악하기 위한 충분한 시간이 필요함을 말해 주는 증거로 보인다. 그러나 구체적인 수습기간에 대해서는 집단에 따라 다소의 차이를 보이고 있다.

(5) 북한이탈주민 및 청소년 출신 교사에 대한 신뢰 정도

'북한이탈청소년 및 주민이 영유아 교사 자격증을 취득하고 수습기간을 거쳐 남한 유아교육기관의 교사로 취업할 경우 귀하의 자녀를 편안하게 맡길 수 있습니까?'라는 설문문항에 대하여 1,070명의 반응을 분석한 결과 매우 낮은 긍정적 수준으로 볼 수 있는 3.05로 낮게 나타나고 있다. 이는 다음의 〈표 IV-58〉에 제시되어 있다.

<표 IV-58> 북한이탈주민 및 청소년 출신 교사에 대한 신뢰 정도에 대한 평균 및 표준편차

평균	N	표준편차
3.05	1,070	.93

북한이탈주민 및 청소년 출신 영유아 교사에 대한 긍정적으로 수용하는 신뢰수준은 겨우 33.8% 수준에 머물고 있고, 부정적으로 응답한 비율은 25.9%에 이르며, 유보적인 입장을 나타낸 반응비율도 40.3%나 되고 있다. 북한이탈주민 및 청소년 교사에 대한 신뢰 정도 전체 분석결과 내용은 〈표 IV-59〉, [그림-20]에 제시된 바와 같다.

<표 IV-59> 북한이탈주민 및 청소년 출신 교사에 대한 신뢰 정도 분석결과

N(%)

구분 \ 평정척도	매우 아니다	아니다	모르겠다	그렇다	매우 그렇다	전체
전체	63(5.9)	214(20.0)	431(40.3)	333(31.1)	29(2.7)	1,070(100.0)

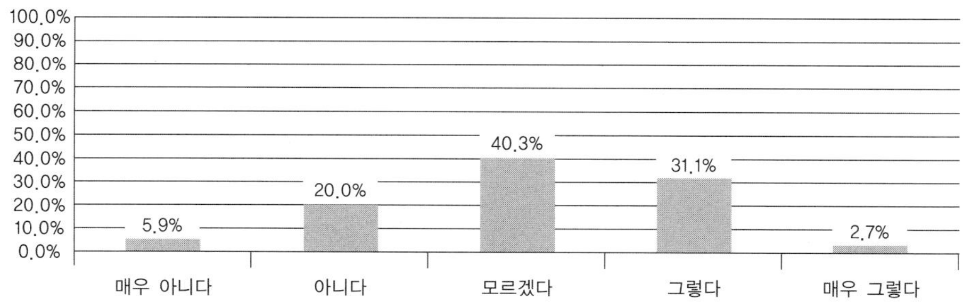

[그림-20] 북한이탈주민 및 청소년 출신 교사에 대한 신뢰 정도 전체 분석결과

인구사회학적 특성에 따른 차이를 알아보기 위하여 연령, 학력수준, 교육경력, 직업 및 신분에 따른 응답자의 반응을 분석한 결과는 다음의 〈표 IV-60〉에

제시된 바와 같다.

<표 Ⅳ-60> 북한이탈주민 및 청소년 출신 교사에 대한 신뢰 정도 분석결과

N(%)

구분 \ 평정척도		매우 아니다	아니다	모르겠다	그렇다	매우 그렇다	전체	χ^2
연령	30세 이하	40(7.4)	132(24.4)	233(43.0)	126(23.2)	11(2.0)	542(100.0)	51.582 df=12 p< .001
	31~40세	17(4.8)	52(14.8)	141(40.2)	129(36.8)	12(3.4)	351(100.0)	
	41~50세	4(3.0)	24(17.9)	44(32.8)	58(43.3)	4(3.0)	134(100.0)	
	51세 이상	2(4.7)	6(14.0)	13(30.2)	20(46.5)	2(4.7)	43(100.0)	
학력수준	고교졸업	4(2.4)	27(16.3)	39(23.5)	83(50.0)	13(7.8)	166(100.0)	121.467 df=16 p< .001
	전문대졸	7(3.0)	45(19.5)	112(48.5)	62(26.8)	5(2.1)	231(100.0)	
	4년제대졸	12(4.0)	57(19.1)	135(45.3)	92(30.9)	2(.7)	298(100.0)	
	대학원졸	8(9.4)	7(8.2)	29(34.1)	37(43.5)	4(4.7)	85(100.0)	
	대학교재학	32(11.0)	78(26.9)	116(40.0)	59(20.3)	5(1.7)	290(100.0)	
교육경력	없음	21(5.0)	86(20.7)	164(39.4)	130(31.3)	15(3.6)	416(100.0)	36.369 df=16, p< .05
	5년 미만	27(7.8)	78(22.5)	150(43.2)	85(24.5)	7(2.0)	347(100.0)	
	5~10년	10(6.0)	26(15.5)	69(41.1)	60(35.7)	3(1.8)	168(100.0)	
	11~15년	1(1.6)	8(13.1)	25(41.0)	26(42.6)	1(1.6)	61(100.0)	
	16년 이상	4(5.1)	16(20.5)	23(29.5)	32(41.0)	3(3.8)	78(100.0)	
직업 및 신분	예비교사	31(9.5)	93(28.5)	131(40.2)	66(20.2)	5(1.5)	326(100.0)	154.887 df=16, p< .05
	영유아 교원	19(4.9)	80(20.6)	173(44.5)	112(28.8)	5(1.3)	389(100.0)	
	장학사	1(2.9)	3(8.8)	16(47.1)	13(38.2)	1(2.9)	34(100.0)	
	학부모	11(5.7)	29(15.0)	84(43.5)	67(34.7)	2(1.0)	193(100.0)	
	북한이탈주민	2(1.6)	9(7.0)	27(21.1)	75(58.6)	15(11.7)	128(100.0)	
전체		63(5.9)	214(20.0)	431(40.3)	333(31.1)	29(2.7)	1,070(100.0)	

상술한 바와 같이 인구사회학적 특성에 따른 분석결과 연령, 학력수준, 교육경력, 직업 및 신분에 있어서는 의미 있는 차이가 나타났다. 첫째, 연령에 따른 차이를 볼 때 연령이 적을수록 신뢰하는 정도의 수준이 점점 더 낮아지고 있다. 즉, 51세 이상 집단에서는 가장 높은 51.3% 수준의 지지를 보였고, 30세 이하 집단에서 가장 낮은 25.2% 수준의 지지를 보였다. 둘째, 학력수준에 따른 차이를 볼 때 고등학교 졸업 집단에서 가장 높은 57.8% 수준의 지지를 보였고, 대학교 재학 집단에서 가장 낮은 22.0% 수준의 지지를 보였다. 셋째, 교육경력에 따른 차이를 볼 때 대부분 경력이 높은 집단에서 비교적 높은

긍정적 반응비율을 보였고, 5년 미만의 집단에서 가장 낮은 지지를 보였다. 넷째, 직업 및 신분에 따른 차이를 볼 때 북한이탈주민 집단이 70.3%로 가장 높은 수준의 긍정적 지지를 보였고, 예비교원 집단에서 가장 낮은 21.7% 수준의 반응비율을 나타내었다.

3) 남북한 영유아교육 현장의 교류, 협력, 지원

(1) 남북한 영유아교육 현장의 교류, 협력, 지원의 필요성

'북한의 영유아교육 현장에 대한 교류, 협력, 지원이 필요하다고 생각하십니까?'라는 설문문항에 대하여 1,070명의 반응을 분석한 결과 긍정적 응답비율이 평균 3.99로 나타났다. 이는 다음의 〈표 IV-61〉에 제시되어 있다. 이러한 결과는 남북한의 유아교육 현장이 어떤 형태로든 상호교류하고, 협력하며, 지원하는 것이 통일한국을 위해 필요한 과정임을 말해 주는 증거로 사료된다.

<표 IV-61> 남북한 영유아교육 현장의 교류, 협력, 지원의 필요성에 대한 평균 및 표준편차

평균	N	표준편차
3.99	1,070	.68

남북한 영유아교육 현장의 교류, 협력, 지원의 필요성에 대하여 긍정적으로 응답한 반응비율은 매우 높은 수준인 83.4% 수준으로 나타나고 있고, 부정적으로 응답한 비율은 3.0%에 그치고 있으며, 유보적인 입장을 나타낸 반응비율은 13.6%로 나타나고 있다. 교류, 협력, 지원의 필요성에 대해서는 대체적으로 매우 높은 수준의 긍정적 반응을 보이고 있다. 남북한 영유아교육 현장의 교류, 협력, 지원 〈표 IV-62〉, [그림-21]에 제시된 바와 같다.

<표 Ⅳ-62> 남북한 영유아교육 현장의 교류, 협력, 지원의 필요성 전체 분석결과

N(%)

구분 \ 평정척도	매우 아니다	아니다	모르겠다	그렇다	매우 그렇다	전체
전체	7(.7)	25(2.3)	145(13.6)	700(65.4)	193(18.0)	1,070(100.0)

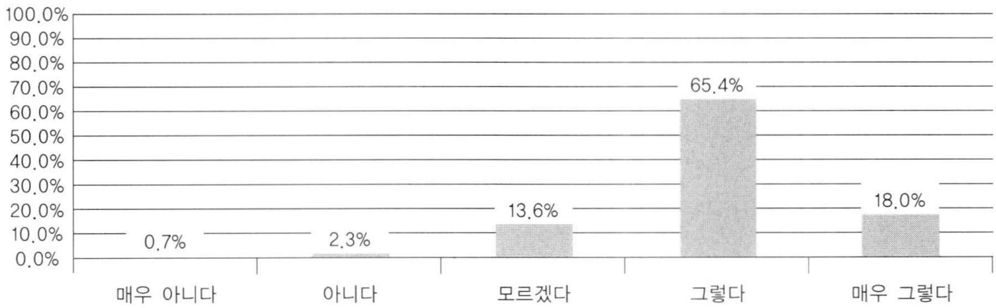

[그림-21] 남북한 영유아교육 현장의 교류, 협력, 지원의 필요성 전체 분석결과

인구사회학적 특성에 따른 차이를 알아보기 위하여 연령, 학력수준, 교육경력, 직업 및 신분에 따른 응답자의 반응을 분석한 결과는 다음의 <표 IV-63>과 같다.

<표 Ⅳ-63> 남북한 영유아교육 현장의 교류, 협력, 지원의 필요성 분석결과

N(%)

구분 \ 평정척도		매우 아니다	아니다	모르겠다	그렇다	매우 그렇다	전체	χ^2
연령	30세 이하	4(.7)	15(2.8)	94(17.3)	330(60.9)	99(18.3)	542(100.0)	28.052 *df*=12 *p*> .05
	31~40세	2(.6)	5(1.4)	38(10.8)	246(70.1)	60(17.1)	351(100.0)	
	41~50세		3(2.2)	11(8.2)	98(73.1)	22(16.4)	134(100.0)	
	51세 이상	1(2.3)	2(4.7)	2(4.7)	26(60.5)	12(27.9)	43(100.0)	
학력수준	고교졸업	2(1.2)	6(3.6)	30(18.1)	109(65.7)	19(11.4)	166(100.0)	49.169 *df*=16 *p*< .05
	전문대졸		5(2.2)	32(13.9)	155(67.1)	39(16.9)	231(100.0)	
	4년제대졸		5(1.7)	29(9.7)	214(71.8)	50(16.8)	298(100.0)	
	대학원졸	2(2.4)	2(2.4)	2(2.4)	56(65.9)	23(27.1)	85(100.0)	
	대학교재학	3(1.0)	7(2.4)	52(17.9)	166(57.2)	62(21.4)	290(100.0)	
교육경력	없음	4(.9)	9(2.2)	74(17.8)	257(61.8)	72(17.3)	416(100.0)	53.820 *df*=16, *p*< .05
	5년 미만		11(3.2)	50(14.4)	225(64.8)	61(17.6)	347(100.0)	
	5~10년		2(1.2)	14(8.3)	128(76.2)	24(14.3)	168(100.0)	
	11~15년	2(3.2)	2(3.3)	4(6.6)	44(72.1)	9(14.8)	61(100.0)	
	16년 이상	1(1.3)	1(1.3)	3(3.8)	46(59.0)	27(34.6)	78(100.0)	

<표 IV-63> 계속

구분 \ 평정척도		매우 아니다	아니다	모르겠다	그렇다	매우 그렇다	전체	χ^2
직업 및 신분	예비교사	3(.9)	11(3.4)	57(17.5)	186(57.1)	69(21.2)	326(100.0)	48.201 df=16, $p<.05$
	영유아 교원		5(1.3)	38(9.8)	269(69.2)	77(19.8)	389(100.0)	
	장학사		1(2.9)	2(5.9)	22(64.7)	9(26.5)	34(100.0)	
	학부모	1(.5)	6(3.1)	29(15.0)	135(69.9)	22(11.4)	193(100.0)	
	북한이탈주민	3(2.4)	2(1.6)	19(14.8)	88(68.8)	16(12.5)	128(100.0)	
전체		7(.7)	25(2.3)	145(13.6)	700(65.4)	193(18.0)	1,070(100.0)	

상술한 바와 같이 인구사회학적 특성에 따른 남북한 영유아교육 현장의 교류, 협력, 지원의 필요성에 대한 설문문항의 분석결과 학력수준, 교육경력, 직업 및 신분에 따른 유의미한 차이가 나타났고, 연령에 따른 차이는 나타나지 않았다. 첫째, 학력수준에 따른 차이를 볼 때 모든 집단에서 높은 수준의 긍정적 반응비율을 보였으며, 특히 대학원 집단에서 가장 높은 94.0% 수준의 긍정적 반응비율이 나타났다. 둘째, 교육경력에 따른 차이를 볼 때 모든 집단에서 높은 수준의 긍정적 응답비율을 보였으며, 특히 16년 이상 집단에서 가장 높은 93.6% 수준의 긍정적 응답비율을 나타냈다. 셋째, 직업 및 신분에 따른 차이를 볼 때 모든 집단에서 대체적으로 높은 긍정적 반응비율을 나타내고 있고, 특히 장학사 집단에서는 91.3%로 가장 높은 긍정적 반응비율을 보이고 있다.

(2) 남북한 영유아교육 분야의 교류, 협력, 지원의 방식

'남북한의 영유아교육 분야에서 교류, 협력, 지원한다면 어떤 방식으로 하는 것이 가장 바람직하다고 생각하십니까?'라는 문항에 대한 응답비율을 볼 때 1,070명의 반응을 분석한 결과 1순위는 교육계획안의 '상호교류와 학술교류 및 협력도모'로 나타났고, 2순위는 교육기자재 지원으로 나타났으며, 3순위는 전공학생 상호교류와 영유아들의 상호교류로 나타났다. 연령에 따른 남북한 영유아교육 분야의 교류, 협력, 지원 방식 전체 분석결과 내용은 〈표 IV-64〉, [그림-22]에 제시된 바와 같다.

<표 Ⅳ-64> 연령에 따른 남북한 영유아교육 분야의 교류, 협력, 지원 방식

N(%)

교류, 협력, 지원 방식 \ 연령	전체
전공학생 상호교류	103(9.6)
영유아들의 상호교류	111(10.4)
교육계획안 등 상호교류	268(25.0)
학술교류 및 협력도모	302(28.2)
인도적 지원	86(8.0)
교육기자재 지원	190(17.8)
기타	10(.9)
전체	1,070(100.0)
χ^2	56.498 df=24, p< .001

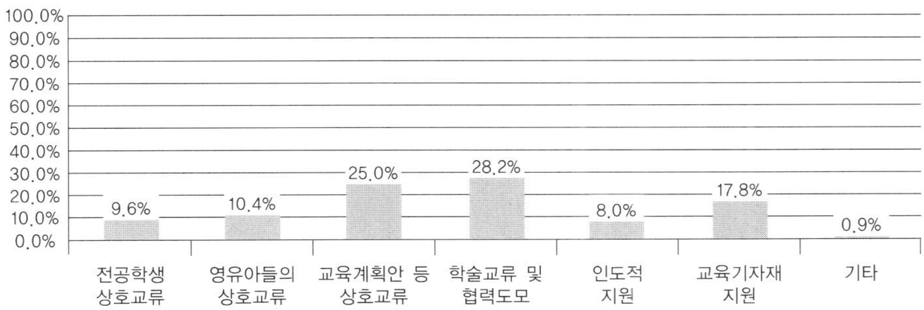

[그림-22] 연령에 따른 남북한 영유아교육 분야의 교류, 협력, 지원 방식 전체 분석결과

① 연령에 따른 남북한 영유아교육 분야의 교류, 협력, 지원 방식

남북한 영유아교육 분야의 교육, 협력, 지원 방식으로 가장 중요하다고 생각하는 것에 대하여 연령에 따른 분석결과는 <표 IV-65>와 같다.

<표 Ⅳ-65> 연령에 따른 남북한 영유아교육 분야의 교류, 협력, 지원 방식 전체 분석결과

N(%)

교류, 협력, 지원 방식 \ 연령	30세 이하	31~40세	41~50세	51세 이상	전체
전공학생 상호교류	64(11.8)	28(8.0)	8(6.0)	3(7.0)	103(9.6)
영유아들의 상호교류	64(11.8)	24(6.8)	17(12.7)	4(9.3)	111(10.4)

<표 Ⅳ-65> 계속

교류, 협력, 지원 방식 \ 연령	30세 이하	31~40세	41~50세	51세 이상	전체
교육계획안 등 상호교류	156(28.8)	82(23.4)	23(17.2)	7(16.3)	268(25.0)
학술교류 및 협력도모	137(25.3)	111(31.6)	40(29.9)	14(32.6)	302(28.2)
인도적 지원	43(7.9)	29(8.3)	13(9.7)	1(2.3)	86(8.0)
교육기자재 지원	71(13.1)	76(21.7)	30(22.4)	13(30.2)	190(17.8)
기타	5(.9)	1(.3)	3(2.2)	1(2.3)	10(.9)
전체	542(100.0)	351(100.0)	134(100.0)	43(100.0)	1,070(100.0)
χ^2	56.498 df=24, $p<.001$				

상술한 바와 같이 연령에 따른 분석결과를 볼 때 30세 이하 집단에서는 현장 영유아 교원들의 교수방법, 교육계획안 등의 상호교류, 영유아교육 분야의 학생, 전문가들의 학술교류 및 협력도모에 대하여 가장 높게 응답하였다. 31~40세, 41~50세, 51세 이상의 집단에서는 학술교류, 북한 영유아교육기관에 대한 교구, 교재, 컴퓨터 등의 교육기자재 지원 방식에 대하여 가장 높은 응답을 보였다. 연령에 따른 분석결과에서 나타난 경향성은 젊은 연령층에서는 상호교류 방식을 더 선호하였고, 41세 이상의 집단에서는 보다 더 현실적인 지원 방식을 더 선호하였다.

② 학력수준에 따른 남북한 영유아교육 분야의 교류, 협력, 지원 방식

남북한 영유아교육 분야의 교육, 협력, 지원 방식으로 가장 중요하다고 생각하는 것에 대하여 학력수준에 따른 분석결과는 〈표 IV-66〉과 같다.

<표 Ⅳ-66> 학력수준에 따른 남북한 영유아교육 분야의 교류, 협력, 지원의 방식

N(%)

교류, 협력, 지원 방식 \ 학력	고교졸업	전문대졸	4년제대졸	대학원졸	대학교재학	전체
전공학생 상호교류	6(3.6)	24(10.4)	19(6.4)	7(8.2)	47(16.2)	103(9.6)
영유아들의 상호교류	14(8.4)	15(6.5)	24(8.1)	10(11.8)	48(16.6)	111(10.4)
교육계획안 상호교류	16(9.6)	48(20.8)	101(33.9)	20(23.5)	83(28.6)	268(25.0)

<표 Ⅳ-66> 계속

교류, 협력, 지원 방식\학력	고교졸업	전문대졸	4년제대졸	대학원졸	대학교재학	전체
학술교류 및 협력도모	29(17.5)	80(34.6)	91(30.5)	38(44.7)	64(22.1)	302(28.2)
인도적 지원	30(18.1)	16(6.9)	24(8.1)	3(3.5)	13(4.5)	86(8.0)
교육기자재 지원	69(41.6)	47(20.3)	37(12.4)	6(7.1)	31(10.7)	190(17.8)
기타	2(1.2)	1(.4)	2(.7)	1(1.2)	4(1.4)	10(.9)
전체	166(100.0)	231(100.0)	298(100.0)	85(100.0)	290(100.0)	1,070(100.0)
χ^2	196.601 *df*=36, $p<.001$					

남북한 영유아교육 분야의 교류, 협력, 지원 방식에 대하여 학력수준에 따른 분석결과를 볼 때 고교졸업 집단에서는 교육기자재 지원, 인도적 지원에 높은 반응비율을 보였고, 전문대졸업 집단에서는 학술교류 및 협력도모, 교수방법 및 교육계획안 등의 상호교류, 교육기자재 지원을 선호하였다. 4년제졸, 대학교재학 집단에서는 교수방법 및 교육계획안 상호교류 방식을 선호하였으며, 대학원졸 집단에서는 학술교류 및 협력도모 방식을 선호하였다. 학력수준에 따른 분석결과의 경향성은 학력수준이 높은 집단일수록 교수방법 및 교육계획안 상호교류, 학술교류 및 협력도모 방식을 더 선호하였고, 학력수준이 낮은 집단일수록 현장에 대한 직접적인 지원 방식을 더 선호하는 것으로 나타나고 있다.

③ 경력수준에 따른 남북한 영유아교육 분야의 교류, 협력, 지원 방식

남북한 영유아교육 분야의 교육, 협력, 지원 방식으로 가장 중요하다고 생각하는 것에 대하여 경력수준에 따른 분석결과는 〈표 IV-67〉과 같다.

<표 Ⅳ-67> 경력수준에 따른 남북한 영유아교육 분야의 교류, 협력, 지원의 방식

N(%)

교류, 협력, 지원 방식\경력	없음	5년 미만	5~10년	11~15년	16년 이상	전체
전공학생 상호교류	52(12.5)	33(9.5)	8(4.8)	3(4.9)	7(9.0)	103(9.6)
영유아들의 상호교류	45(10.8)	35(10.1)	16(9.5)	5(8.2)	10(12.8)	111(10.4)

<표 IV-67> 계속

교류, 협력, 지원 방식\경력	없음	5년 미만	5~10년	11~15년	16년 이상	전체
교육계획안 상호교류	94(22.6)	99(28.5)	41(24.4)	16(26.2)	18(23.1)	268(25.0)
학술교류 및 협력도모	97(23.3)	94(27.1)	60(35.7)	20(32.8)	31(39.7)	302(28.2)
인도적 지원	33(7.9)	23(6.6)	20(11.9)	7(11.5)	3(3.8)	86(8.0)
교육기자재 지원	92(22.1)	59(17.0)	23(13.7)	8(13.1)	8(10.1)	190(17.8)
기타	3(.7)	4(1.2)		2(3.3)	1(1.3)	10(.9)
전체	416(100.0)	347(100.0)	168(100.0)	61(100.0)	78(100.0)	1,070(100.0)
χ^2	49.024 df=30, p< .001					

남북한 영유아교육 분야의 교류, 협력, 지원 방식에 대하여 교육경력에 따른 분석결과를 볼 때 교육경력이 없는 집단에서는 학술교류 및 협력도모 방식을 가장 선호하였고, 5년 미만, 5년 이상, 10년 이상, 15년 이상, 16년 이상 경력 집단에서는 학술교류 및 협력도모 방식, 교수방법 및 교육계획안 상호교류, 교육기자재 지원 방식을 선호하였다. 교육경력에 따른 분석에서의 경향성은 교육경력이 높은 집단일수록 학술교류 및 협력도모 방식을 더 선호하는 특징을 보이고 있다.

④ 직업 및 신분에 따른 남북한 영유아교육 분야의 교류, 협력, 지원 방식

남북한 영유아교육 분야의 교육, 협력, 지원 방식으로 가장 중요하다고 생각하는 것에 대하여 직업 및 신분에 따른 분석결과는 〈표 IV-68〉과 같다.

<표 IV-68> 직업 및 신분에 따른 남북한 영유아교육 분야의 교류, 협력, 지원의 방식 N(%)

교류, 협력, 지원 방식\직업	예비교사	영유아 교원	장학사	학부모	북한이탈주민	전체
전공학생 상호교류	51(15.6)	35(9.0)	2(5.9)	12(6.2)	3(2.3)	103(9.6)
영유아들의 상호교류	54(16.6)	35(9.0)	1(2.9)	18(9.3)	3(2.3)	111(10.4)
교육계획안 상호교류	95(29.1)	107(27.5)	7(20.6)	48(24.9)	11(8.6)	268(25.0)
학술교류 및 협력도모	67(20.6)	137(35.2)	21(61.8)	59(30.6)	18(14.1)	302(28.2)

<표 Ⅳ-68> 계속

교류, 협력, 지원 방식 \ 직업	예비교사	영유아 교원	장학사	학부모	북한이탈주민	전체
인도적 지원	14(4.3)	31(8.0)		13(6.7)	28(21.9)	86(8.0)
교육기자재 지원	40(12.3)	43(11.1)	2(5.9)	40(20.7)	65(50.8)	190(17.8)
기타	5(1.5)	1(.3)	1(2.9)	3(1.6)		10(.9)
전체	326(100)	389(100)	34(100)	193(100)	128(100)	1,070(100)
χ^2	242.397 df=24, $p<.001$					

남북한 영유아교육 분야의 교류, 협력, 지원의 방식에 대한 문항에 대한 응답결과를 직업 및 신분 특성에 따라 볼 때 예비교사, 학부모 집단에서는 교수방법 및 교육계획안 상호교류를 가장 선호하였고, 영유아 교원, 장학사, 학부모 집단에서는 학술교류 및 협력도모 방식을 선호하였다. 그러나 북한이탈주민의 응답결과에서는 교육기자재 지원과 인도적 지원 방식을 가장 선호하는 것으로 나타났다. 이러한 특징은 설문대상자가 북한에서 직접 태어나 학교를 다니고 성장하여 최근에 북한을 이탈한 집단인 점을 고려해 볼 때 현재 북한주민의 입장에서 가장 필요한 부분은 직접적인 지원 방식임을 말해 주는 하나의 증거로 사료된다.

V. 통일한국의 영유아 교원 양성과 재교육 제도 및 정책 방안

01 논의 및 결론

02 제언

CHAPTER

V 통일한국의 영유아 교원 양성과 재교육 제도 및 정책 방안

본 연구는 통일한국의 영유아 교원 양성과 재교육을 위한 제도 및 정책 방안을 모색하기 위한 목적으로 진행되었다. 이러한 연구목적을 달성하기 위하여 설정한 두 가지 연구문제는 첫째, 통일한국의 영유아 교원교육 제도 및 정책 방안을 모색하는 것이고 둘째, 통일한국 영유아교육 인적자원 육성과 교류, 협력, 지원 방안을 모색하는 것이었다. 연구결과에 따른 논의에서는 연구문제에 따라 밝혀진 연구결과를 바탕으로 문헌고찰, 설문조사, 선행연구, 협의회 토론 내용 등과 관련지어 논의하여 결론을 제시하고자 한다. 또한 제언에서는 연구를 통하여 갖게 된 생각을 바탕으로 몇 가지 시사점을 제안하였다.

01 논의 및 결론

1) 통일한국의 영유아 교원교육 제도 및 정책 방안

연구에서는 통일한국의 영유아 교원교육 제도 및 정책의 방향을 모색하기 위하여 그동안 남북한에서 시행되어 온 서로 다른 양성기간의 차이에서 비롯되는 교원의 질적 차이를 고려하여 통일한국의 보육교사와 유치원교사를 위한 교원 양성 및 재교육 제도에 관한 몇 가지 방안을 제시하고자 한다.

(1) 통일한국의 개념정의에 대한 사회적 합의과정이 필요하다.

통일한국 개념정의에 대한 동의정도에 대해서는 전체적으로 볼 때는 59.4%가 긍정적인 수준에서 동의하였고, 30.0%가 유보적 반응을 보였다. 이러한 결과를 볼 때 보통 사람들은 아직 통일한국에 대한 개념이 분명하지 않기 때문에 사회적 합의과정이 필요함을 말해 주고 있다. 설문자들의 특성에 따른 분석결과에서 나타난 긍정적 반응 정도는 연령이 높을수록, 학력이 높을수록, 경력이 많을수록, 지도층일수록 높게 나타났다. 즉, 연령으로 볼 때는 40대 연령층에서 85.9%, 학력으로 볼 때는 대학원 졸업자의 86.7%, 경력수준으로 볼 때는 16년 이상의 교육경력 집단에서 83.9%, 직업 및 신분으로 볼 때는 장학사(행정가) 집단이 84.0%로 높게 나타났다. 또한 북한이탈주민들 집단에서는 79.4%의 비교적 높은 긍정적 반응을 보였다.

이에 대하여 한만길(2009)은 통일한국 시대에 대한 정의가 필요하고 통일접근방식을 살펴야 한다고 하였다. 통일이라고 하면 한 순간의 상황에서는 탈북난민들의 유입으로 아수라장이 되어 혼란과 후유증이 야기될 수 있는 한 체제의 붕괴에 의한 통일도 생각할 수 있고, 현실적으로 현재의 두 체제 하에서 남북한이 서로 왕래하고, 교류하고, 협력해 나가는 서서히 통일해 나가는 과정으로서의 통일도 통일한국으로 보아야 할 것이라고 하였다. 또한 윤종혁(2009)은 2000년 시대부터 김대중, 김정일이 왕래·교류하기 시작하였고, 이러한 상황이 하나의 통일시대를 열어가고 있는 것이라 하였으며, 정영순(2009)은 이러한 상황이 곧 과정으로서의 통일상황이라고 하였다. 설문조사 결과에서 나타난 30% 정도의 유보적 입장을 보인 사람들이 통일한국의 정의를 수용할 수 있도록 하는 노력이 중요할 것이다. 따라서 향후 통일한국의 개념정의에 대한 점진적인 사회적 합의과정이 필요하다.

(2) 유치원교사와 보육교사의 양성기간은 4년제 학사학위 과정을 원칙으로 한다.

현재 남북한에서의 유치원 교사 및 보육교사의 양성기간이 매우 다양하다. 북한에서는 3년제 교원대학에서 주로 양성하고 있고, 남한의 경우에는 3년제, 4년제 대학교에서 양성하고 있다. 영유아기의 중요성이나 초·중·고의 교사양성 기간을 고려할 때 유치원교사 및 보육교사의 질적 수준을 확보하기 위하여 기본적으로 4년제 학사학위 수준으로 규정하고, 현재 학사학위를 갖지 못한 교사의 경우에는 2학년, 3학년, 4학년으로 정원 외 편입하는 방식의 재교육을 통하여 학사학위를 취득하도록 권장하도록 한다.

이에 대하여 설문조사 결과에서는 통일한국의 유치원교사 양성기간으로 45% 이상이 4년제 대학교를 가장 선호하였고, 그 다음으로 3~4년제 혼용 24.0%, 3년제 22.9% 순으로 나타났다. 또한 통일한국의 보육교사 양성에 대한 설문조사 결과에서도 3년제(32.1%), 4년제(31.1%), 2년제(24.1%) 순으로 나타났다. 설문조사 결과에서는 최소한 3년제 이상으로 하는 것이 바람직하다는 의견이 지배적임을 알 수 있다. 최근 유치원을 유아학교로 전환하고자 하는 다양한 논의가 진척되고 있는 점을 보더라도 통일한국에서는 초·중·고 교사와 동등한 수준의 4년제 학사학위 과정을 유지할 당위성이 있다.

이러한 결과는 최근 추진되고 있는 유아교육선진화 추진계획(교육과학기술부, 2009)에서 유치원 교사 양성기관의 교육연한을 4년제 학사과정으로의 단일화 추진방향과 같은 맥락으로 나타나고 있다. 또한 보육교사 양성과정에 대한 설문조사 결과를 볼 때 현재 남한에서는 1년제 보육교사교육원, 2, 3, 4년제 보육학과, 영유아보육과, 아동복지과, 아동학과, 유아교육과, 사회복지과, 간호학과 등에서 심지어는 대학원에서도 보육교사가 양성되고 있는 점을 고려해 볼 때 통일한국에서는 4년제 학사학위 과정을 원칙으로 하고, 현재의 1년제 보육교사교육원, 2년제, 3년제 관련 학과의 경우에는 점진적으로 1년제, 2년제, 3년제 심화과정, 혹은 방송통신대학교, 사이버대학 등을 활용하여 점진적으로 4년제 학사학위 취득과정으로 정착시켜 나가면 될 것이다. 이에 대하여 이미정(2009)은 유치원 및 보육교사 자격은 점진적으로 3년제 이상 학력으로 조정하여 중장기적으로 학사학위 이상으로 강화할 것을 제안하면서 현재의 한국방송통신대학교와 사이버대학을 전문대학 또는 보육교사교육원에서 배출된 교사의 학력을 증진시키는 기관으로 활용할 것을 주장한 바 있다. 이와 같이 설문조사 결과와 여러 관점을 고려해 볼 때 통일한국의 유치원교사와 보육교사의 양성을 위한 기간은 4년제 학사학위 과정을 원칙으로 하는 것이 바람직할 것이다.

(3) 통일한국에서는 유치원교사(혹은 유아학교교사)와 보육교사 명칭을 사용한다.

현재 남북한에서는 유치원에 근무하는 교사를 유치원교사, 유치원교양원으로 부르고, 보육시설 및 탁아소에 근무하는 교사를 보육교사, 보육원으로 부른다. 설문조사 결과에서는 북한의 교양원이라는 명칭보다는 교사의 명칭 사용에 대한 긍정적 응답비율이 81.9%로 높게 나타났다. 유치원교사 명칭에 대해서는 북한이탈주민 집단에서도 79.7%가 선호하였다. 또한 북한에서 부르고 있는 보육원의 명칭보다는 보육교사 명칭 사용에 대한 긍정적 응답비율이 70.0%로 나타났다. 이에 대하여 북한이탈주민 집단에서는 80.5%로 오히려 더 높게 반응하였다. 현재 남한에서 부르는 유치원교사 명칭에 대하여 유치원이 유아학교로 전환될 경우에는 자연스럽게 유아학교교사로 호칭할 수 있다. 유치원의 유아학교 체제 전환에 대해서는 유아교육 선진화 추진 계획(교육과학기술부, 2009)에 잘 나타나 있다. 따라서 통일한국에서는 유치원교사(혹은 유아학교교사)와 보육교사 명칭을 사용하는 것이 바람직할 것으로 보인다.

(4) 질 높은 영유아 교원 양성과 재교육을 위한 제도 및 정책이 필요하다.

현직교원을 위한 재교육에 대하여 유치원교사와 보육교사들의 질적 수준을 높이기 위하여 원래 자격증 취득 기간을 고려하여 1년, 2년, 3년의 재교육과정을 통하여 학사학위를 취득할 수 있도록 유도하고, 현직 교사들의 자기개발 노력을 인정하여 호봉으로 보상해 주는 제도와 정책을 수립하여 시행하는 것은 재교육과정을 활성화하는 데 실효성이 있을 것이다. 따라서 통일한국을 위한 질 높은 영유아 교원 양성과 재교육을 위한 제도 및 정책이 필요하다.

설문조사 결과에서도 통일한국을 위한 교원 양성과 재교육을 위한 제도 및 정책의 필요성에 대하여 매우 높은 수준인 87.2%가 지지하였다. 또한 질 높은 영유아 교사 양성 및 재교육을 위해 가장 중요한 것으로는 '체계적인 양성 및 재교육과정', '임금 및 처우개선', '양질의 교육시설설비', '교육방법의 통합노력' 순으로 응답하였다. 이러한 결과는 이기숙(2009)이 교사의 교육수준과 훈련, 교사의 급여 및 안정성 등의 구조적 질은 유아교육에서 매우 중요하다고 밝힌 연구결과와 일치하고 있다. 또한 차승주(2009)는 북한의 강도 높은 현직교육과 엄격한 승급제도를 통하여 끊임없이 능력과 자질을 개발하도록 독려하는 교원 제도 정책은 통일한국의 교원정책에도 기꺼이 반영될 수 있어야 한다고 하였다.

(5) 영유아 교사에게 요구되는 자질 중 가장 중요한 덕목은 올바른 인성교육이다.

통일한국의 영유아 교사가 갖추어야 할 가장 중요한 자질이 무엇이어야 하는가에 대한 설문조사 결과에서 1순위는 올바른 인성으로 나타났다. 이어서 2순위권으로는 포용력과 다문화주의를 들었고, 3순위권으로는 관용의 베풂, 교수학습능력, 투철한 교육관 등을 들었다. 이러한 결과는 최민수(2008)가 학부모를 대상으로 실시한 연구에서 유아교육기관에서 가르쳐야 할 가장 중요한 덕목은 인성교육이라고 밝힌 연구결과와 일치하고 있다. 이와 같이 통일한국에서도 영유아 교사에게 요구되는 자질 중 가장 중요한 덕목은 올바른 인성교육임을 알 수 있다.

설문조사 결과에서 나타난 두드러진 특징 중 하나는 유일하게 북한이탈주민들의 반응에서만 포용력이 영유아 교사에게 가장 중요한 자질이라고 반응하였다는 점이다. 이러한 결과는 통일시대의 영유아 교사는 혹시 상대적으로 어려움을 겪게 될지 모를 북한 아이들의 상황을 잘 이해할 수 있고, 아무런 편견 없이 있는 그대로를 끌어안을 수 있는 교사상을 바라는 정서가 반영된 것으로 보인다.

(6) 현재의 영유아 교사 양성 및 재교육과정에서 통일교육을 더 강화해야 한다.

설문조사 결과에서 10.9%만이 긍정적인 응답을 한 것으로 볼 때 현재 남한의 영유아 교사 양성 및 재교육과정에서의 통일교육 실시 정도는 매우 낮은 것으로 나타나고 있다. 이에 대하여 양성 및 재교육과정에서의 통일교육에 대해서는 63.4%가 추가적으로 필요하다고 응답하였다. 이러한 필요성에도 불구하고 양성과정에서 통일교과목을 개설하여 운영하는 교육기관은 매우 미흡하며, 원장 및 원감 연수과정의 교과과정에서 통일교과목이 한두 과목 정도 개설되기는 하나 이것마저 영유아교육 관련 전공자에 의해 운영되기보다는 개괄적인 수준에서 교육학 혹은 사회교육 등의 전공자에 의해 강의가 이루어지고 있는 실정에 있다. 또한 체계적인 통일교과목으로 규정되어 운영되는 경우는 거의 없기 때문에 구체적이고 심도 있는 내용으로 들어가기 어려운 점이 있다. 영유아 교사 양성 및 재교육을 위한 통일교과목의 개발 및 보급도 시급한 실정이다. 이러한 근거를 보더라도 현재의 영유아 교사 양성 및 재교육과정에서 통일교육 내용이 미흡하게 다루어지고 있기 때문에 과정으로서의 통일한국을 위해서는 현재보다 훨씬 더 강화되어야 할 필요가 있다.

(7) 체계적인 통일한국의 영유아 교원 양성 및 재교육 프로그램이 필요하다.

통일한국의 영유아 교사 양성 및 재교육 프로그램에서 가장 강조되어야 할 교육내용요소에 대한 설문조사 결과에서 1순위로 나타난 내용요소는 '남북한 이해 교육'이었다. 이어서 2순위권으로는 '다문화 반편견 교육', '심리정서 교육', '민족공동체의식 교육'으로 나타났고, 3순위권으로는 '평화교육', '지역사회 및 부모교육' 등으로 나타났다. 여기에서의 두드러진 특징은 아직 남한 사회에 동화되기 직전의 신분으로 있으면서 하나원에서 적응교육을 받고 있는 북한이탈주민의 반응이 현재 북한지역 주민의 정서를 가장 잘 반영할 수 있다는 점을 고려해 볼 때 전체 설문조사 결과와는 다소 다르게 나타나고 있다. 즉, 북한이탈주민 집단에서는 1순위로 '지역사회 및 부모교육', '심리정서 교육'을 중요하게 생각하였고, 2순위로 '평화교육', '체험학습 교육'의 내용요소를 중요하게 생각하고 있었다. 따라서 통일한국의 영유아 교원 양성 및 재교육 프로그램에서는 전체적인 순위를 중요시 하면서, 전체 순위는 다소 떨어지더라도 이러한 북한이탈주민의 의사를 잘 반영하는 것이 바람직할 것으로 생각된다. 또한 임희옥(2009)은 북한의 사회주의경제 체제에 익숙한 북한주민들에게는 자본주의사회 경제교육이 필요하고, 아울러 IT정보화교육이 필요하다고 주장하였다. 이와 같이 통일한국을 위한 체계적인 통일한국의 영유아 교원 양성 및 재교육 프로그램의 개발과 적용이 필요하다.

교원 양성 및 재교육 프로그램의 방향에 대하여 영유아교육에 필요한 보편적인 전공과목을 기본으로 하여 글로벌 시대의 인간교육에 필요한 다양한 교양과목, 교직과목, 전공과목, 실습과목 등으로 프로그램을 편성하고, 민주시민교육, 남북한 이해교육, 평화교육, 민족공통체의식 교육, 다문화 교육, 전통문화 교육 등의 통일교과목이 포함되어야 하고, 새로운 환경에 대한 적응과정을 도울 수 있는 멘토링 교육이 필요할 것이다. 이러한 교과목을 바탕으로 4년제 대학교 학사학위 과정을 기준으로 하는 통일한국의 유치원교사 및 보육교사 양성을 위한 교육과정안을 〈표 V-1〉, 〈표 V-2〉와 같이 제시하고자 한다.

유치원교사 양성 교육과정안 예시

통일한국 유치원교사 양성을 위한 교육과정안은 문헌연구 및 설문조사 결과를 반영하여 졸업 최소학점을 150점 이상으로 하여 교양과목, 교직과목, 전공과목, 통일교과목(일반선택 20학점을 통일교과목으로 대체)으로 편성하였다.

<표 V-1> 4년제 대학교를 근간으로 한 통일한국의 유치원교사 양성 교육과정안 (단위: 학점)

학년	교양과목	전공과목	교직과목	통일교과목	학점계
1	교양필수 6학점 교양선택 16학점 (6개 영역에서 선택)	유아교육론(3) 아동발달론(3)	교육학개론(2) 교육심리(2)	남북한 이해교육(2) 멘토링교육(2) 민주시민 교육(2) 자본주의사회경제 교육(2)	40
2	교양필수 4학점 교양선택 4학점 (6개 영역에서 선택)	아동건강교육(3) 아동미술(3) 유아언어교육(3) 인지발달론(3) 아동안전관리(3) 기악(2) 아동복지(2)	생활지도 및 상담(2) 교육사회학(2) 교육방법 및 교육공학(2) 교육과정(2)	전통문화 교육(2) 민족공동체의식 교육(2)	37(38)
3		유아교육과정(3) 유아놀이지도(3) 유아수과학교육(3) 유아사회교육(3) 아동문학(3) 유아음악교육(3) 현장연구(3) 유아컴퓨터교육(3) 교과교육론(2) 교수매체(2)	교육평가(2) 교육행정 및 교육경영(2) 교육철학 및 교육사(2) 특수교육학개론(2)	심리정서 교육(2) 다문화 반편견 교육(2)	38(40)
4		유아교육철학(3) 장애아통합교육(3) 유아교육기관운영 관리(3) 유아동작교육(3) 부모교육론(3) 유아교사론(3) 유아연구(3) 교과교재연구법(2) 교과논리 및 논술(2)	교직실무(2) 학교현장실습(2) 교육봉사활동(2)	평화교육(2) 지역사회 및 체험교육(2)	35
학점 합계	30	78	22(26)	20	150 (154)

상술한 바와 같이 통일한국의 유치원교사 양성을 위한 교육과정안은 교양과목 30학점, 전공과목 78학점, 교직과목 22학점, 통일교과목 20학점 총 150학점으로 편성되어 있다. 교육과학기술부에서 교직과목은 22학점 이상을 취득하도록 규정하고 있는바 괄호 안에 표기된 2개 교직과목은 학교에 따라 개설여부를 선택하거나 추가할 수 있도록 하였다. 통일교과에서 개설하고 있는 멘토링교육은 대학에 입학하여 지도교수 및 납북한 학생들을 대상으로 서로 멘토와 멘티를 정하여 성공적인 대학생활을 할 수 있도록 돕기 위한 학과목이다. 또한 지역사회 및 체험교육은 학생이 지역사회의 다양한 기관에 참여하여 체험 위주의 경험을 쌓아갈 수 있는 기회를 제공하기 위한 학과목이다. 교직과목에서 규정하고 있는 교육봉사 60시간 학과목 운영과 연계하여 운영하면 효과적일 것이다.

보육교사 양성 교육과정안 예시

통일한국 보육교사 양성을 위한 교육과정안은 문헌연구 및 설문조사 결과를 반영하여 4년제 학사학위 과정을 기준으로 졸업 최소학점을 150점 이상으로 하여 교육과정을 편성하는 것이 바람직 할 것이다. 보육교사의 양성은 현재 1년제, 2년제, 3년제, 4년제, 대학원에서 다양한 명칭의 아동 관련 학과, 보육학과, 영유아보육과, 유아교육과, 아동학과, 간호학과, 사회복지과 등 여러 학과에서 배출되고 있다. 따라서 일관성을 유지하여 교과과정안을 편성하기 어려운 점이 있다. 따라서 통일한국의 보육교사 양성교육과정은 현재 대학 등에서 이수하도록 규정하고 있는 교과목 및 학점일반을 그대로 유지하면서 통일교과목(필수, 선택)을 추가하여 통일한국의 보육교사 양성 교과과정안으로 편성하여 제시하고자 한다.

<표 V-2> 통일한국의 보육교사 양성을 위한 교과과정안 실예

영역	교과목	이수과목(점수)
보육기초	아동복지(론), 보육학개론, 아동발달(론), 보육과정	4과목(12학점) 필수
발달 및 지도	인간행동과 사회환경, 아동관찰 및 행동연구, 아동생활지도, 아동상담(론), 특수아동지도	1과목(3학점) 이상 선택
영유아교육	놀이지도, 언어지도, 아동문학, 아동음악과 동작, 아동미술, 아동수·과학지도, 영유아프로그램 개발과 평가, 영유아교수방법(론)	3과목(9학점) 이상 선택
건강·영양 및 안전	아동건강교육, 아동간호학, 아동안전관리, 아동영양학, 정신건강(론)	2과목(6학점) 이상 선택
가족 및 지역사회 협력 등	부모교육(론), 가족복지(론), 가족관계(론), 지역사회복지(론), 자원봉사(론), 보육정책(론), 보육교사(론), 보육시설운영과 관리	1과목(3학점) 이상 선택
보육실습	보육실습	1과목(2학점) 필수
통일교과 1	남북한 이해교육(3), 자본주의사회경제교육(2), 민족공동체의식 교육(2), 민주시민 교육(2)	4과목(9학점) 필수
통일교과 2	멘토링교육(2), 전통문화 교육(2), 심리정서 교육(2), 다문화 반편견 교육(2), 평화교육(2), 지역사회 및 체험교육(2)	3과목 (6학점) 이상 선택
전 체	19과목 (50학점) 이상	

(8) 기존의 영유아 교원 자격증을 교환할 때에 재교육과정을 이수하도록 한다.

현재 남북한에서 통용되고 있는 영유아 교원 자격증을 통일한국에서 새로운 자격증으로 교환해야 할 필요가 있는지에 대한 설문조사 결과에서는 74.4%가 긍정적으로 응답하였다. 또한 새로운 자격증으로 교환해 줄 때 재교육과정을 이수하도록 하는 방안에 대해서는 77.1%가 긍정적으로 응답하였다. 문제는 어떤 방식으로 재교육과정을 이수하도록 하느냐가 관건이다. 기본적으로 재교육에 소요되는 비용을 국가에서 부담하고, 단기연수 과정보다는 학사학위 취득 과정과 연계한 재교육과정이 바람직할 것이다.

재교육과정의 기본적인 방향은 재교육과정을 이수하는 과정에서 소요되는 비용의 대부분을 국가에서 부담하는 방식이 되어야 하고, 일시적인 단기연수보다는 현재자격의 취득기간과 연계하여 1년, 2년, 3년의 충분한 기간의 재교육과정으로 이루어져야 할 것이다. 그리고 재교육과정에 소요되는 비용을 국가에서 부담하는 것만으로는 한계가 따를 수 있기 때문에 현직 교원의 질적 수준을 증진시키기 위한 차원에서 교원 스스로가 노력한 재교육 참여 교육연한에 해당하는 호봉을 조정하여 실질적인 소득에 도움이 될 수 있는 정책이 수립되어야 실효성을 거둘 수 있다. 교육방법에 있어서는 야간강좌, 방송통신강좌, 계절제 강좌, 사이버 강좌 등을 활용하여 필요한 재교육과정을 이수하도록 할 수 있다. 이에 대하여 임희옥(2009)은 통일한국에서의 영유아 교원 재교육은 현재 남한에서 진행되고 있는 60시간 정도의 재교육과정과는 확연한 차이가 있어야 한다고 주장하였다. 여러 주제에 따라 교육과정안을 매우 심도 있게 설계하여 깊이 있게 운영해야 함을 경고하였다. 기존의 영유아 교원 자격증을 교환할 때에 반드시 체계적인 재교육과정을 이수하도록 해야 할 필요성이 있다.

2) 통일한국의 영유아교육 인적자원 육성과 교류, 협력, 지원 방안

(1) 북한이탈주민 및 청소년 중에서 영유아교육 전문가를 육성해야 한다.

첫째, 통일한국 시대가 오면 현재의 북한지역에서 활약할 많은 일꾼이 필요할 것이다. 연구에서는 북한이탈 인적자원의 영유아교육 전문가 육성 및 취업 방안을 모색하기 위하여 하나는 성인들 중에서 교육력이 있는 자를 발굴하여 영유아교육 전문가로 육성하여 취업으로 연결시키는 방안을 모색하였고, 다른 하나는 청소년 인적자원을 발굴하여 영유아교육 양성 전문기관에 입학시킨 후 멘토과정을 두어 조력하고 성공적인 정착을 지원하여 자격증을 취득하게 한 후에 영유아교육기관에 취업시켜 스스로 자립해 나갈 수 있도록 하는 제도와 정책을 모색하였다. 이들이 남한의 영유아교육 현장에 성공적으로 정착하게 되면 통일한국의, 특히 북한 지역의 영유아교육 분야에서 역군으로 활약할 수 있을 것이다.

그러나 북한이탈주민 및 청소년의 영유아교육 전문가로서의 발굴 및 육성 방안에 대해서는 매우 신중한 태도로 나타나고 있다. 이러한 경향은 북한이탈 청소년의 차세대 영유아교육 전문가 육성의 필요성에 대하여 설문조사 결과에서 긍정적인 응답비율이 51.8.% 수준으로 나타나고 있고, 북한이탈주민 집단의 긍정적 응답비율은 89.3%로 나타났다. 또한 북한이탈주민의 영유아 교사 양성 및 재교육 방안에 대해서는 더 낮은 수준인 48.7%로 나타나고 있고, 역시 북한이탈주민 집단의 긍정적인 응답비율은 81.3%로 높게 나타났다. 남북한의 이질적인 교육제도에서의 사회문화적 경험의 차이를 어떻게 극복할 것인지에 대한 염려가 반영되고 있고, 상대적으로 북한이탈주민 집단에서는 좋은 기회로 인식하고 있었다.

둘째, 양성 및 재교육을 위한 비용은 국가에서 부담해야 한다. 북한이탈청소년과 주민을 대상으로 영유아 교사를 양성하고 재교육 할 때 소요되는 비용을 국가에서 부담하는 것에 대한 설문문항에 대하여 긍정적 응답비율은 57.6%로 나타났다. 대체적으로 젊은 연령 계층, 예비교사 집단에서 낮은 긍정적 응답비율을 나타냈다. 이러한 젊은 세대들의 낮은 동의수준에 대하여 임희옥(2009)은 통일에 대한 부정적인 태도에 기인하는 것이라고 주장하였다. 또한 정선아(2009)는 새터민들에 대한 남한 다수국민의 태도는 양가적이어서 동등하고 동질적이라고 보기보다는 민족 및 인권적 차원에서의 동정심을 갖고 있으면서 동시에 북한에 대한 부정적인 태도가 새터민에게 투사되어 나타나기 때문에 의심과 불신이 혼재된 감정도 가지고 있다고 하였다.

통일한국의 영유아 교원 양성 및 재교육에 관한 제도 및 정책이 실효성을 거두기 위해서는 상당한 정도의 비용을 국가에서 부담하는 방식이 되어야 한다. 북한이탈 성인 및 청소년들에 대한 영유아 교원의 육성 및 취업 방안에서도 양성 및 재교육과정에서 소요되는 모든 비용은 물론 취업과정에서 지급되는 비용까지 모두 국가에서 통일비용 차원으로 지원해야 한다. 왜냐하면 남한의 학교교육이나 사회적응에 어려움을 겪고 있는 북한이탈주민들에게 일자리를 내주는 것이 현실적으로 쉽지 않기 때문에 통일한국을 대비하여 육성한 영유아교육 전문가를 고용한 유치원이나 보육시설에게는 채용된 교사의 월급 전액 혹은 상당한 정도의 비용을 국가에서 지원히 주는 방식이 필요할 것이다.

이에 대하여 차승주(2009)는 북한이탈주민 및 청소년들이 대학에서 유아교육 관련 학과를 졸업한 이후에 유치원이나 보육시설 교사로 취업하는 일이 결코 쉬운 일이 아닐 것임을 우려하면서, 정부에서 새터민 출신 교사의 월급을 전액 지원해 준다고 하더라도 새터민에 대한 사회 전반의 부정적인 인식으로 미루어 볼 때 교사채용의 문제가 그리 쉽지는 않을 것이라고 하였다. 교사로 채용된다고 하여도 남한의 교사들과 동등한 대우를 받고 동등한 조건 속에서 교사생활을 할 수 있는지에 대해서도 우려하였다. 따라서 영유아교육 종사자들에 대한 새터민에 대한 반편견 교육이나 북한 이해교육이 병행되어야 할 것이고, 나아가 우리 사회 전반에 만연되어 있는 새터민에 대한 편견이나 부정적인 시선들을 바로잡는 노력이 필요하다고 주장하였다.

또한 임희옥(2009)은 교직에 뜻을 둔 새터민 청소년을 발굴하여 유아교육 현장의 인적자원으로 활용하는 방안은 매우 특별한 시도라고 하였고, 현재 영유아교육과에 재학 중인 알고 있는 한 학생의 어려움을 지적하였다. 설문조사에서 북한이탈주민 집단에게서는 지지적이었지만, 더부분의 집단에서는 크게 지지받지 못한 점을 지적하면서 인생의 결정적인 시기를 교육하는 영유아들의 교육적 경험을 실험대상으로 하는 것이 조심스럽다고 하였다. 하지만 보조교사나 부담임으로 채용하는 것은 미래를 우한 안전한 투자가 될 수 있다고 제안하였다

설문조사 결과에서 다수가 새터민의 영유아교육 분양 교원 양성 전문가 발굴 육성 방안을 50% 이상 지지하면서도 다른 한편으로 국가의 비용부담에 대해서는 훨씬 더 부정적인 입장을 보이는 현상에 대하여 정선아(2009)는 새터민에 대한 남한 국민의 동정심과 불신의 양가적 특성이 반영되는 것이라 하였고, 이러한 특성은 인권적 차원에서 정책적 지원의 필요성은 인정하지만 구체

적인 피해나 비용부담은 반대하는 양상으로 나타나고 있다고 하였다. 특히 정책방향이 낮고 정체성이 낮은 하위집단에 속해 있는 새터민들이 취업문제에 대하여, 청소년에 대해서는 89.3%, 주민에 대해서는 81.3% 정도가 적극적인 찬성을 보이는 것은 이들이 주변화에 기여하고 있는 양상으로 나타나는 것이라고 하였다.

설문조사 결과나 다양한 논의 내용을 볼 때 북한이탈주민 및 청소년 중에서 교사로 적절한 자를 선발하여 영유아교육 전문가를 육성해야 한다는 데에는 적지 않은 염려와 다양한 이견이 있음에도 불구하고 큰 원칙에는 대체적으로 동의하고 있는 것으로 나타나고 있다.

(2) 영유아 교사 자격증을 취득한 후에는 2년 이상의 수습교사 기간이 필요하다.

북한이탈청소년과 주민이 남한에서 교사자격증을 취득하고 유치원이나 보육시설에 취업하기 위해서는 남한 사회의 충분한 이해와 적응을 위하여 어느 정도 수습기간이 필요한지에 대한 설문조사 결과에서는 38.0%가 2년 이상, 35.0%가 1년 이상의 수습기간이 필요하다고 반응하였다. 2년 이상의 수습기간의 필요성에 대하여 상대적으로 북한이탈주민 집단에서는 21.1%만이 2년 이상의 수습기간의 필요성을 지지하였다. 북한이탈주민 및 청소년 출신 영유아 교사에 대한 신뢰 정도는 겨우 33.8% 긍정적 수준에 머물고 있고, 유보적 입장을 나타낸 비율은 40.3%로 매우 높게 나타났다. 이에 대하여 상대적으로 북한이탈주민 집단에서는 70.3%가 신뢰하는 긍정적 반응을 보임으로써 대조적인 차이를 나타내었다.

이에 대하여 이은영(1997)의 연구에서는 북한의 교사 중 자연과학 분야의 교사는 단기일의 재교육으로 교육기관에 재투입될 수 있지만, 국어, 문학 등의 담당교사들은 장기간의 재교육 후에도 학교로 투입하는 데 문제가 많을 것이라고 하였다. 또한 유치원 교원, 소학교 교원의 경우에는 특히 공산주의 이론이나 혁명사상 고양을 위한 교육을 특히 많이 받았기 때문에 재교육이 장기간 진행되어야 한다고 하였다. 이러한 관점을 고려해 볼 때 북한에서 태어나서 교육을 받고 자라난 청소년이나 주민들이 남한에서 교사 자격증을 취득한 경우에 학급을 바로 담당한다는 것은 쉬운 일이 아님이 분명하다. 최소한 2년 이상의 수습교사 과정을 거치면서 부담임, 특별활동교사, 보조교사 등의 임무를 익혀 충분한 경험을 쌓은 후에 일정한 평가과정을 통하여 임용하고, 임용된 교원들에 대해서는 남한의 교사들과 동일한 권리를 보장해 줄 수 있는 제도적 장치가 필요할 것이다.

북한이탈주민 및 청소년들이 남한 사회의 영유아교육을 전공할 수 있는 대학 등에 진학하여 교사 자격증을 취득한 후에 바로 교사로 임용하는 것에 대해서는 대체적으로 우려하는 시각이 많다. 따라서 영유아 교사 자격증을 취득한 후에는 2년 이상의 충분한 수습교사 기간이 필요할 것으로 판단된다. 그러나 자격증을 취득한 수습기간에는 교사로서의 정당한 신분적 대우나 충분한 월급을 제공할 수 있는 부담임, 보조교사, 특별활동교사 등으로 활약할 수 있도록 배려할 필요가 있을 것이다.

(3) 남북한 영유아교육 현장의 상호교류, 협력, 지원 방안을 모색해야 한다.

북한에 대한 초창기의 지원은 취약계층에 대한 지원을 중심으로 긴급구호 형태로 이루어져 오다가 2000년 들어서는 교과서를 위한 종이지원, 학용품, 교육기자재 지원, 학교시설의 개보수 등의 교육물자 지원 중심의 협력체계가 구축되고 있다. 유아교육분야에서도 상호교류를 확대할 필요가 있다. 서로의 차이를 인정하고 존중하며 서로의 차이에 대한 이해의 공감대를 확대시킬 수 있도록 유아교육기관을 상호방문할 기회를 마련할 수 있을 것이다. 또한 남북한의 영유아교육 전문가들의 교육방법, 교육계획안의 교류 등을 통하여 공동연구를 할 수도 있다. 설문조사의 결과에서는 남북한 영유아교육 현장의 교류, 협력, 지원의 필요성에 대하여 83.4%가 긍정적으로 응답하였다.

통일부 2009 통일백서에 따르면 정부는 개성공단 내에 북한근로자 20~30대 여성들을 위한 영유아보육을 지원하기 위하여 200명 규모의 보육시설을 세우기로 하고 2008년 11월 제 211차 남북교류협력추진협의회에서 의결하고 소요예산 9억원을 확보하였다고 하였다. 개성공단에 남한의 유아교사가 진출하여 교육을 할 수 있다면 바람직한 교육적 교류사업이 될 수 있으며 교육의 시험장이 될 수 있을 것이다(통일연구원, 2009; 임희옥, 2009). 또한 임희옥은 당장 우리의 자녀를 새터민 교사에게 맡기는 것은 망설이겠지만 북한을 지원하는 것에 대해서는 긍정적이라는 결과를 볼 때 정부가 교육적 교류를 추진하는 데 전문가들의 협력을 얻어 필요한 교육적 지원을 할 수 있을 것이라고 하였다.

이와 같이 설문조사 결과나 다양한 의견을 종합해 볼 때 통일한국을 대비하기 위해서는 남북한 영유아교육 현장이 상호교류하고, 협력하고, 교육적 지원을 할 수 있는 다양한 방안을 모색할 필요가 있음을 알 수 있다.

(4) 간접적인 교류, 협력 방식보다는 직접적인 지원 방식이 바람직하다.

또한 영유아교육 분야의 교류, 협력, 지원 방식에 대한 설문조사 결과에서는 응답자의 28.2%가 '학술교류 및 협력도모'를 가장 선호하였고, 다음으로는 25.0%가 '교수방법 및 교육계획안 등의 상호교류'에 반응하였으며, 이어서 17.8%가 '교육기자재의 지원' 방식을 선택하였다. 그 밖에 '영유들의 상호교류', '영유아교육 전공학생들의 상호교류', '인도적 지원 방식'에 있어서는 비슷한 수준으로 응답하였다. 상대적으로 북한이탈주민 집단에서 가장 선호하는 교류, 협력, 지원 방식은 '교육기자재 지원' 50.8%, 인도적 지원 21.9%, 학술교류 및 협력도모 14.1% 순으로 나타났다. 이러한 특징은 모든 다른 집단과는 매우 차별화된 응답내용이다. 설문조사 시점에 있었던 북한이탈주민들의 특성은 아직 남한 사회에 정착하기 이전의 상태에서 설문조사를 한 것이기 때문에 현재 북한 주민들의 특성을 가장 근접하게 반영할 수 있다는 점을 추측해 볼 때 대체적으로 북한에서는 직접적인 지원 방식을 선호하고 있는 것으로 판단된다.

이에 대하여 김병연(2009)은 한국정부와 민간은 북한의 학교교육을 도와야 한다고 하였다. 최근 북한에서는 학교에 대한 정부예산 지원이 거의 없어 학교가 비용부담을 학부모에게 전가시키기 때문에 30~40%의 초등학생들이 중등교육을 받지 못하고 있다고 한다. 따라서 북한의 비핵화와는 관계없이 북한 주민의 생존과 학교교육, 그리고 전문가 육성에 대한 지원을 아끼지 않아야 통일한국에서의 오히려 비용이 적게 들어간다고 하였다. 또한 임희옥(2009)은 점차적인 소통과정도 통일한국의 개념으로 본다면 우선적으로 교구교재를 지원하는 것이 바람직하다고 하였다. 유아들을 위한 그림동화, 퍼즐, 적목, 미술활동 자료, 악기, 낱말카드, 수학활동 자료 등을 지원하는 것은 특정한 가치를 전달하는 문자로 된 정보가 많지 않아 북한 사회의 경계심을 덜 자극할 것으로 예측된다고 하였다. 또한 무엇보다 남한에 정착하기 시작한 새터민과 남한 사람들의 사람통일이 가장 먼저 이루어져야 하고, 새터민에 대한 반편견교육이 유아교육 현장에서부터 이루어져야 한다고 주장하였다.

따라서 과정으로서의 통일한국을 고려할 때 영유아교육 분야에서도 남한과 북한의 교류, 협력, 지원 방식은 간접적인 방식보다는 보다 적극적인 가능한 방법을 찾아 북한의 유아교육 현장을 직접 지원하는 방식이 더 바람직할 것으로 보인다. 무엇을 어떻게 할지에 대해서는 향후 더 많은 고민이 필요할 것이다.

02 제 언

통일한국에 대한 정의에서 밝힌 바와 같이 '갑작스러운 과정을 통하여 하나로 되는 통일'과 '교류, 협력, 지원 등을 포함하는 과정으로서의 통일'을 모두

통일한국으로 볼 때 통일교육은 현재 남한의 인적자원에게도 필요한 부분이고, 특히 빠르게 증가되고 있는 북한이탈 인적자원의 성공적인 정착을 위해서도 필요하다. 연구를 통하여 통일교육교사 양성을 위한 세 가지 방안과 한 가지 후속 연구에 대한 제언을 하고자 한다.

1) 유치원(유아학교), 초등학교, 중학교, 고등교육 통일교육교사 양성 방안

(1) 지역 거점대학 중심 통일교육 단과대학 혹은 통일교육학과 설치 방안

전국의 공·사립 지역거점대학을 중심으로 특수목적 통일교육 단과대학을 설립하거나 통일교육학과를 설치할 수 있다. 입학 대상자로는 남한의 일반 고등학생들과 특례입학 대상자로 분류될 수 있는 탈북청소년들이 될 수 있다. 통일교육 단과대학이나 통일교육학과에서의 전공분야는 영유아교육, 초등교육, 중등교육으로 구분하여 각각 영유아통일교육 2급 교원자격증, 초등통일교육 2급 교원자격증, 중등통일교육 2급 교원자격증을 부여하는 방안이다.

(2) 유아교육과, 초등교육과, 사범대학에 통일교육교사 자격증 과정 신설 방안

전국적으로 설치되어 있는 유아교육과, 초등교육과, 사범대학에 통일교육 2급 교원자격증 취득과정을 신설하여 통일교육 복수전공 교육과정을 설치할 수 있는 기회를 부여하는 것이다. 설치를 희망하는 학과에 대하여 엄격한 통일교육 교원자격 부여 능력을 심사하여 통일교육교사를 양성할 수 있는 기회를 부여하는 것이다. 설치를 희망하는 기존의 학과에서는 별도의 각급 학교별로 통일교육 관련 학과목을 개설하고, 보편적으로 전공인정 학점에 해당되는 예를 들어, 통일교육 관련 교과목 50학점 이상의 통일교육 관련 학점을 별도로 전공하거나 복수전공하여 현행 교원자격증 인정 학점을 취득하는 자에게는 통일교육 2급 교원자격증을 부여하는 것이다.

(3) 대학원 과정에 통일교육과를 설치하여 자격증을 부여하는 방안

대학원 과정에 통일교육과를 설치하여 유아통일교사 2급 자격증, 초등통일교사 2급 자격증, 중고등학교 통일교사 2급 자격증 과정을 신설할 수 있다. 4년제 대학교에서 학사과정을 취득한 후에 대학원에 진학하여 2년 동안 통일교육과정을 전공하고 2급교사 자격증 취득 요건을 갖추었을 경우에 통일교육교사 2급 자격증을 부여하자는 것이다. 이러한 경우 현재 북한이탈주민 중에서 남한의 교육체계가 적합하지 못하여 교사로 인정받지 못하거나 새로 대학에 입학하여 자격증을 취득하지 못하는 사람들에게는 새로운 길이 열리게 된다. 통일교육교사의 경우에는 유치원, 보육시설, 초등학교, 중고등학교 등 모든 학교체제에서 한두 명씩 우선 배치하여 교과담당 교사로 활약하도록 하면, 통일시대에 필요한 역군으로 나아갈 수 있을 것이다.

2) 후속 연구를 위한 제언

본 연구에서는 통일한국의 영유아 교원 양성 및 재교육에 초점을 두었기 때문에 그리고 현실적인 어려움으로 인하여 남북한 영유아교육 현장의 교류, 협력, 지원 방안에 대해서는 충분한 고찰이 이루어지지 못한 부분이 있다. 실제적으로 영유아교육 분야에서 남북한의 교류가 충분하게 이루지지 못한 점에 기인하기도 하고, 영유아교육 분야에서의 선행연구나 분석을 위한 남북한의 지원, 교류, 협력 등의 기초자료가 미흡한 측면도 있다. 따라서 후속 연구에서는 더 체계적이고 다양한 지원, 교류, 협력 방안에 대한 연구가 이루어지기를 기대한다.

참고문헌

고대만(2001). 유치원통일교육의 방향과 실제. 초등교육연구, 6, 13-35. 제주교육대학교 초등교육연구소.

고려대학교(2000). 남북정상회담에 따른 상호협력사업의 과제와 전망. 고려대학교 북한학 연구소 창립 2주년기념 세미나 발표논문집. 65-68.

권성아(2009). 통일한국의 영유아교원 양성과 재교육 제도 및 정책 방향 연구 토론. 2009 한국교육학회 분과 한국통일교육학회 추계 학술대회 논문발표집. 65-68.

김상무(2009). 통일한국의 영유아교원 양성과 재교육 제도 및 정책 방향 연구 토론. 2009 한국교육학회 분과 한국통일교육학회 추계 학술대회 논문발표집. 69-71.

김명화(2002). 통일교육 활동이 유아의 북한 인식에 미치는 영향. 광주대학교 산업대학원 석사학위 논문.

김미경(1995). 통일을 대비한 유아교육의 방향에 관한 연구. 총신대학교 논문집, 14, 173-210.

김병연(2009). 한반도 '신평화구상' 실현하려면. 한국경제신문 2009년 8월 17일. 신문기사 내용.

김숙자, 지성애, 최민수, 서성미(2003). 유치원의 통일교육 실천 내용 분석. 미래유아교육학회지, 10(1), 241-268.

김지영(1996). 통일에 대비한 유아교육과정 개발을 위한 기초조사 연구. 이화여자대학교 박사학위 논문.

김지영(1997). 통일에 대비한 반편견 유아교육의 운영에 대한 연구. 안양전문대학 논문집, 20, 353-368. 안양전문대학.

김지영(1998). 통일 후 교육을 준비한다: 통일 후의 취학전 교육정책, 민족의 동질성과 민주시민 자질 길러줘야. 새교육, 519호, 74-81. 한국교육신문사.

김창환, 양금희, 윤재홍(2002). 독일의 학교 및 사회통일교육 프로그램 개발 및 운영 실태 분석. 2002년 통일부 용역과제. 서울: 통일부.

김태완(1996). 남·북한 보육 및 유아 교육 내용. 미래유아교육학회지, 2, 53-72. 미래유아교육학회.

김형찬(1990). 북한의 교육. 서울: 을유문화사.

나 정, 장명림, 박은실(1998). 유아교육 공교육화에 대비한 유아교사 양성체계 개선 방안 연구. 한국교육개발원 연구보고 RR98-6.

나일주(2008). 통일대비 남북한 교육정보화 격차 해소방안 연구. 서울대학교 통일평화연구소 통일학연구보고서 05-15.

민주평화통일자문회의(2008). 대북정책에 대한 국민적 합의기반 강화방안. 제68차 민주평화통일자문회의 교육위원회.

민주평화통일자문회의(2008). 신대북정책 추진에 관한 정책건의. 제13기 민주평화통일자문회의. www.nuac.go.kr

보육자격관리사무국. http://www.ctcm.or.kr. 2009년 11월 30일

박현의(2007). 북한의 유아교육과 보육실태. "위기에 몰린 북한의 백년대계". 김인호 대담. 통일한국, 25(10), 통권 286호, 104-107. 평화문제연구소.

박혜숙(2001). 통일을 주제로 한 통합적 교육활동이 유아의 북한 이해에 미치는 영향. 광주대학교 경상대학원 석사학위 논문.

배장오(2005). 통일교육의 새지평. 서울: 서현사.

백종억, 유위준(2002). 북한의 초중등학교 교육과정과 교원양성대학 교육과정과의 관련성 연구. 한국교원대학교 교수논총, 18(1), 82.

변경섭(1985). 북한의 가정과 유아양육 실태. 교통안전, 32호, 102-105. 교통안전진흥공단.

성영혜, 김수정(2001). 북한 보육제도 비교연구. 한국아동복지학, 12호, 108-133.

신은미(1996). 북한의 유아 교육 보육 실태에 관한 연구. 德成女子大學校 大學院 碩士學位 論文.

신효숙(2007). 남북한 교육·인적자원 교류협력추진방안. 한국교육개발원 수탁연구 CR2007-79.

양옥승(1997). 북한의 유아교육 변천사. 教育研究, 5, 67-82. 德成女子大學校 教育研究所.

양옥승, 오미경(1995). 북한의 영유아 보육정책. 한국영유아보육학, 2, 149-167.

양옥승, 조인숙, 정수미(2001). 유아 교사의 북한 및 통일에 대한 인식. 사회과학연구, 7, 123-141. 덕성여자대학교 사회과학연구소.

영유아보육법(2009). 법률 제9511호. 2009. 3. 20.

吳基完(1986). 北韓의 유아교육과 탁아소·유치원 실태. 새물결, 128호, 37-47. 자유평론사.

오미경(1995). 북한의 유아 교육 제도 분석. 德成女子大學校 大學院 碩士學位 論文.

유아교육법(2009). 법률 제8852호. 2008. 2. 29.

윤기영, 서규선, 김지영, 조경희, 이미숙(1997). 유아교육 기관의 통일교육. 서울: 창지사.

윤기영, 이미숙(1995). 학교 통일교육지침에 입학한 유치원의 통일교육 구형 방향 모색. 유아교육연구, 15(1), 59-77.

윤미량(1996). 남·북한 보육 및 유아교육 체제 및 제도. 미래유아교육학회지, 2, 15-44.

윤종혁(2006). 북한 교육 발전을 위한 지원 현황과 향후 과제. 한국교육개발원 RR 2006-11.

윤종혁, 이찬희, 이석희, 신효숙, 박영은(2007). 통일 시대에 대비한 북한 교육 지원 방안 연

구. 한국교육개발원.

윤종혁(2009). 통일교육의 새 패러다임 모색을 위한 소고. 한국교육학회 춘계학술대회 한국통일교육학회 분과 논문발표 자료집. 38-69.

이명조(2009). 한국 유아교육의 과제와 전망. 글로벌 유아교육의 과제와 방향. 2009년도 미래유아교육학회 추계 국제학술대회 논문집. 9-39.

이미정(2009). 다문화 사회에서의 영유아교원양성 토론 자료. 다문화 사회에서의 육아지원 정책이 나아갈 방향과 과제. 유아정책개발센터 제2차 육아선진화 포럼. 세미나자료 2009-02.

이희경, 김성수, 손유식, 이주헌, 김수연, 김영희, 윤혜원, 장현주(2009). 2009년도 전문대학 교육과정개발 연구보고서. 교육과학기술부·한국전문대학교육협희회.

이성호(1999). 남·북한의 유아 교육제도와 교육과정 비교 연구. 韓國教員大學校 大學院 碩士學位 論文.

이영(1993). 민족 동질성 회복을 위한 통일교육의 발전방향; 유·초등교육 과정을 중심으로. 北韓, 257, 86-101. 북한연구소.

이원영, 이태영, 이경민(2001). 유아를 위한 통일교육 활동자료. 서울: 교육인적자원부.

이원영, 최민수(1998). 남북한의 유치원 교육과정 비교 분석 연구. 1998년 교육부 위탁연구과제 답신보고. 중앙대학교 사범대학 통일대비 유치원 교육과정 연구위원회.

이애시(2006). 통일 대비 남북한 교원양성체제 비교 연구. 제주대학교 교육대학원 석사학위 논문.

이은상(2001). 북한 유아교육에 대한 연구. 人文科學硏究, 9, 171-195. 안양대학교 인문과학연구소.

이은영(1997). 남북통일과 교육정책. 아태연구, 4, 79-107.

이채영(1993). 남·북한 유아교육 비교연구. 建國大學校 教育大學院 碩士學位 論文.

이향규(2000). 북한 사회주의 보편교육의 형성 1945-1950. 서울대학교 대학원 박사학위 논문.

임재택(1996). 남·북한 보육교사 및 유아교사의 양성교육. 미래유아교육학회지, 2, 97-126.

임희옥(2009). 영유아교원과 유아교육현장의 통일을 위한 준비 토론 자료. 다문화 사회에서의 육아지원 정책이 나아갈 방향과 과제. 유아정책개발센터 제2차 육아선진화 포럼. 세미나자료 2009-02.

전정태(1996). 북한의 교사양성제도. 한국동북아논총, 1, 165-186.

전정태(1997). 남·북한 교원 양성 제도에 관한 비교 연구. 한국동북아논총, 5, 133-151.

정범모(1996). 통일을 대비한 남·북한 영·유아 보육 및 유아교육의 과제와 진단: 통일의 전망과 영·유아교육. 미래유아교육학회지, 2, 1-14.

정선아(2009). 다문화 사회에서의 영유아교원양성 토론 자료. 다문화 사회에서의 육아지원 정책이 나아갈 방향과 과제. 유아정착개발센터 제 2차 육아선진화 포럼. 세미나자료 2009-02.

정영순(2009). 통일교육의 새 패러다임 모색을 위한 소고 토론. 한국교육학회 춘계학술대회 한국통일교육학회 분과 논문발표 자료집. 38-69

정진경, 최진이, 김성민, 정진헌, 남북어린이어깨동무 평화교육연구팀(2005). 북한에서 온 내 친구. 서울: 우리교육.

차승주(2009). 통일한국 시대의 영유아 교원교육 제도에 관한 연구 토론 자료. 한국교육학회 춘계 학술대회 통일분과 학회 발표 자료집. 36-38.

최민수(1996). 북한유아교육론. 서울: 문음사.

최민수(1997). 통일한국 시대의 유아교육 방향 모색. 열린유아교육연구, 2(2), 239-255.

최민수(1998). 통일후 교육을 준비한다: 통일후의 취학전 교육정책, 무상 공교육 개념 도입 만 5세아동부터 우선적 무상지원해야. 새교육, 519호, 60-68. 한국교육신문사.

최민수(2000). 통일한국의 유아교육 제도 및 정책에 관한 연구. 국제고려학회 서울지회 논문집, 제2호, 243-268.

최민수, 김명화(2003). 통일교육 활동 적용이 유아의 통일인식에 미치는 영향. 열린유아교육연구, 7(4), 245-270.

최민수, 김숙자, 지성애(2002). 통일교육 관련 교육활동 자료 개발을 위한 유아 통일교육 내용요소에 대한 고찰. 열린유아교육연구, 7(3), 263-290.

최민수, 김숙자, 지성애(2005), 유아 통일교육. 서울: 정민사.

최민수, 김숙자, 지성애, 심정화(2001). 수준별 유치원 교육과정에 따른 통일교육 관련 교육 지도서와 교육활동 개발 연구. 한국학술진흥재단 2001년 교과교육공동연구과제. 한국학술진흥재단.

최민수, 문경숙(2004). 유치원에서의 평화교육 프로그램 적용에 관한 연구. 미래유아교육학회지, 11(2), 177-198.

최민수, 박혜숙(2001). 유치원의 통일교육 활동 적용에 관한 연구. 열린유아교육연구, 6(1), 125-145.

최민수(2008). 학부모 측면에서 본 글로벌 시대의 유아교육 트랜드 분석. 미래유아교육학회지, 15(4), 467-496.

최민수(2009a). 통일한국 시대의 영유아 교원교육 제도에 관한 연구. 2009년도 한국교육학회 춘계학술대회 분과 한국통일교육학회 논문발표 자료집. 2-35.

최민수(2009b). 통일한국의 영유아교원 양성과 재교육 제도 및 정책 방향 연구. 2009년도 한국교육학회 추계학술대회 분과 한국통일교육학회 논문발표 자료집. 1-64.

최민수(2009c). 다문화 사회에서의 영유아교원 양성. 육아정책개발센터 제2차 육아선진화 포럼 세미나 자료집. 35-87.

최영숙(2008). 남·북한 유아교육 관련 법령 분석을 통한 유아교육제도 비교 연구. 공주대학교 교육대학원 석사학위 논문.

최영표, 한만길, 홍영란(1994). 내가 받은 북한교육. 서울: 한국교육개발원.

최한수(1996). 남·북한 보육교사 및 유아교사 양성교육: 남북한 유아교사 양성교육 및 체계의 동질화 노력 필요. 미래유아교육학회지, 2, 131-134.

통일부 통일교육원(2008). 통일교육지침서. 학교용. 통일부 통일교육원.

학우서방(1966). 유치원 교양원 참고서, 서울: 교육도서출판사.

한국교원대학교(2007). 남·북한 교육제도 비교 및 통일 후의 전망과 방안. 한국교원대학교부설 통일교육 연구소 통일교육 학술세미나.

한국교원대학교(2008). 새터민 학생들의 적응실태 및 지원 방안. 한국교원대학교 부설 통일교육연구소 2008년 통일교육 학술세미나.

한국교육개발원(1994). 교사 양성 체제 개선 방안 연구. 한국교육개발원 연구보고 RR94-18.

한국교육개발원(1994). 남북한 교원제도 통합방안 연구. 통일대비 교육부문 대책 종합연구 III. 한국교육개발원 수탁연구 CR94-5.

한국교육개발원(1997). 민족통합을 위한 교육대책연구(I) - 통일 이전 민족통합의 과제를 중심으로-. 한국교육개발원 연구보고 RR97-15.

한국교육개발원(1999). 북한 이탈 주민의 남한 교육 적응 연구. 한국교육개발원 연구보고 RR99-11.

한국교육개발원(2000). 남북한 학생의 학력수준 비교 연구 -탈북 학생의 학습 능력을 중심으로. 한국교육개발원 수탁연구 CR2000-47.

한국교육개발원(2004). 북한교육DB구축사업 결과보고서. 한국교육개발원 기술보고 TR2004-20.

한국유아교육학회 광주·전남지회(2000). 통일한국에 대비한 유아교육. 2000년 한국유아교육학회 전국추계학술대회.

한국자유총연맹(1996). 국민안보의식 실태와 향후대책. 한국자유총연맹 학술세미나 주제논문 및 종합토론.

한만길(2003). 북한의 경제발전과 교육의 역할. 한국교육개발원 RR 2003-14.

한만길(2006). 북한에는 어떻게 교육할까. 서울: 우리교육.

한만길, 김형찬, 최영표, 윤종혁, 김정래, 이명준, 박정현(2001). 남북 교육공동체 구성을 위한 교육통한 방안 연구 -남북한 평화공존상황을 중심으로. 통일연구원 인문사회연구회 협동연구 총서 2001 -12.

한만길(2009). 통일시대 영유아 교원교육 제도에 관한 연구 토론 자료. 한국교육학회 춘계 학술대회 통일분과 학회 발표 자료집. 대구: 경북대학교. 2009. 4. 25.

洪順玉(1990). 공산주의 국가의 유아교육에 관한 연구; 북한, 소련, 중국을 중심으로.

社會科學研究, 6. 53-80. 慶星大學校 社會科學研究所.
홍순옥(1998). 통일후 교육을 준비한다: 통일후의 취학전 교육정책, 획일적·정치적인 북한 교육방식 지양, 행복한 사회생활 위한 기초 가르쳐야. 새교육, 519호, 67-73. 한국교육신문사.
홍정숙(1998). 통일에 대비한 남·북한 유아교육통합 정책 방향 고찰. 成均館大學校 教育大學院 碩士學位 論文.

부 록 통일한국의 영유아 교원교육 제도 및 정책에 관한 질문지

안녕하십니까?

본 연구진은 재단법인 청삼아동문제연구소에서 지원하는 '통일한국의 영유아 교원 양성과 재교육에 대한 제도 및 정책 방향'에 관한 연구를 수행하고 있습니다.

이 설문지는 영유아교육 예비교사, 전문가, 장학사, 행정가, 학부모, 북한이탈 주민을 대상으로 통일한국의 영유아 교원 양성과 재교육에 관한 교육제도 및 정책의 방향을 위한 기초자료를 수집하기 위해 작성된 것입니다. 응답과정에 다소 번거로움이 있으시겠지만 귀하의 소중한 응답결과는 통일한국의 영유아 교원을 위한 교육제도 및 정책을 개발하는 데 많은 도움이 됩니다. 부디 성실한 답변을 부탁드립니다.

귀하께서 응답해 주신 모든 설문내용은 연구목적 이외에는 절대로 사용되지 않을 것을 약속드립니다. 솔직하고 정확하게 응답하여 주시면 감사하겠습니다.

감사합니다.

2009년 9월 1일

재단법인 청삼아동교육문제연구소 연구팀 : 최민수, 이원영, 최완영

▌문의처 : 503-703 광주광역시 남구 효덕로 52번지 광주대학교 유아교육학과
▌전 화 : 062-670-2318 / FAX : 062-676-8209

● 다음은 설문자의 일반적 특성에 대한 문항입니다. 해당되는 부분에 ✔ 표시를 해주십시오.

01 귀하의 연령은 어떠하십니까?

___① 30세 이하 ___② 31~40세 ___③ 41~50세 ___④ 50세 이상

02 귀하의 학력수준은 어떠하십니까?

___① 고등학교 졸업 ___② 전문대학 졸업 ___③ 4년제 대학교 졸업

___④ 대학원 졸업 ___⑤ 대학 재학 중

03 귀하의 영유아교육 관련 교육경력은 얼마나 되십니까?

___① 없음 ___② 5년 미만 ___③ 5~10년

___④ 11~15년 ___⑤ 15년 이상

04 귀하의 현재 직업이나 신분은 어떠하십니까?

___① 예비교사 ___② 영유아 교원 ___③ 장학사

___④ 학부모 ___⑤ 북한이탈주민

● 다음 문항을 읽고 귀하께서 생각하시는 부분에 ✔ 표시를 해주십시오.

01 '남북한이 서로 왕래, 교류, 협력하면서 점진적으로 통일해 나가는 과정으로서의 통일을 통일한국으로 본다.'라는 통일한국의 개념적 정의에 동의하십니까?

___① 매우 아니다 ___② 아니다 ___③ 모르겠다

___④ 그렇다 ___⑤ 매우 그렇다

02 통일한국 유치원 교사의 양성기간은 몇 년으로 정하는 것이 좋겠습니까? (현재 남한은 2~3년제 전문대학, 4년제 대학교에서 유치원교사를 양성하고, 북한은 3년제 교원대학과 시·군에 설치된 1년제 단기양성소에서 유치원교양원을 양성하고 있음.)

___① 1년제 ___② 2년제 ___③ 3년제

___④ 4년제 ___⑤ 3년제 및 4년제 혼용

03 통일한국의 유치원 교사의 명칭을 유치원 교사로 통일하는 것에 대하여 어떻게 생각하십니까? (현재 남한에서는 유치원 교사, 북한에서는 교양원이란 명

칭을 사용하고 있음.)

___① 매우 아니다 ___② 아니다 ___③ 모르겠다
___④ 그렇다 ___⑤ 매우 그렇다

04 통일한국 보육교사의 양성기간은 몇 년으로 정하는 것이 좋겠습니까? (현재 남한의 보육교사는 1년제 보육교사교육원, 2년제, 3년제, 4년제 보육학과, 영유아보육과, 유아교육과 등 관련 학과에서 양성하고 있고, 북한은 6개월~1년 과정의 보육원학교에서 양성하고 있음.)

___① 1년제 ___② 2년제 ___③ 3년제
___④ 4년제 ___⑤ 3년제 및 4년제 혼용

05 통일한국의 보육시설 교사의 명칭을 보육교사로 통일하는 것에 대하여 어떻게 생각하십니까? (현재 남한의 보육시설 교사는 보육교사, 북한의 탁아소 교사는 보육원이란 명칭을 사용하고 있음.)

___① 매우 아니다 ___② 아니다 ___③ 모르겠다
___④ 그렇다 ___⑤ 매우 그렇다

06 통일한국에 적합한 표준화된 영유아 교사 양성 및 재교육을 교육과정과 이를 위한 제도적 정비가 필요하다고 생각하십니까?

___① 매우 아니다 ___② 아니다 ___③ 모르겠다
___④ 그렇다 ___⑤ 매우 그렇다

07 통일한국의 영유아 교사가 갖추어야 할 가장 중요한 자질은 무엇이라고 생각하십니까?

___① 교수·학습능력 ___② 올바른 인성 ___③ 공정성
___④ 투철한 교육관 ___⑤ 창의력 ___⑥ 탐구력
___⑦ 리더십 ___⑧ 포용력(배려심) ___⑨ 이타적 사랑
___⑩ 관용의 베풂 ___⑪ 다문화 주의 ___⑫ 기 타 (   )

08 통일한국의 영유아 교사 양성 및 재교육 프로그램에서 가장 강조되어야 할 교육내용 요소는 무엇이라고 생각하십니까?

___① 남북한 사회의 이해교육 ___② 민주시민 교육 ___③ 민족공동체의식 교육
___④ 영유아 관련 전공교육 ___⑤ 전통문화 교육 ___⑥ 교수·학습 방법 교육
___⑦ 기본생활습관교육 ___⑧ 체험활동교육 ___⑨ 다문화 반편견 교육
___⑩ 지역사회 및 부모교육 ___⑪ 평화교육 ___⑫ 기타교육 ( )

09 통일한국의 영유아 교사 양성 및 재교육과정에서 질 높은 교사를 양성하기 위해 가장 중요하다고 생각하시는 것은 무엇입니까?

___① 교사의 임금 및 처우개선 ___② 체계적인 양성교육과정
___③ 사상교육의 통합 노력 ___④ 교육제도 및 정책
___⑤ 양질의 교육시설·설비 ___⑥ 교육방법의 통합 노력
___⑦ 투철한 교육관 정립 ___⑧ 국가관 및 세계관 정립
___⑨ 기타 ( )

10 통일한국을 대비하여 현재 남한의 영유아 교사 양성 및 재교육과정에서 통일교육에 대한 내용이 충분하게 다루어지고 있다고 생각하십니까?

___① 매우 아니다 ___② 아니다 ___③ 모르겠다
___④ 그렇다 ___⑤ 매우 그렇다

11 통일한국을 대비하여 현재 남한의 영유아 교사 양성 및 재교육과정에서 통일교육에 대한 내용이 포함되어야 한다고 생각하십니까?

___① 매우 아니다 ___② 아니다 ___③ 모르겠다
___④ 그렇다 ___⑤ 매우 그렇다

12 통일한국에서는 기존의 남북한 영유아 교원 자격증을 상호 인정하여 새로운 교원 자격증으로 교환해 주는 절차가 필요하다고 생각하십니까?

___① 매우 아니다 ___② 아니다 ___③ 모르겠다

___④ 그렇다 ___⑤ 매우 그렇다

13 통일한국에서 새로운 교원 자격증으로 교환해 줄 때 일정한 시간의 재교육과정을 수료한 후에 자격증을 부여하는 방안에 대하여 어떻게 생각하십니까?

___① 매우 아니다 ___② 아니다 ___③ 모르겠다
___④ 그렇다 ___⑤ 매우 그렇다

14 북한이탈청소년들 중에서 인재를 선발하여 대학의 영유아교육 분야로 입학시켜 차세대 영유아교육 전문가로 양성할 필요가 있다고 생각하십니까?

___① 매우 아니다 ___② 아니다 ___③ 모르겠다
___④ 그렇다 ___⑤ 매우 그렇다

15 북한이탈주민들 중에서 교육역량이 있는 자들을 교사로 양성 및 재교육하여 영유아 교사로 취업시켜 통일역군으로 육성해 나가는 것은 어떻습니까?

___① 매우 아니다 ___② 아니다 ___③ 모르겠다
___④ 그렇다 ___⑤ 매우 그렇다

16 북한이탈청소년과 주민의 영유아교육 전문가 및 영유아 교사 양성 및 재교육에 소요되는 비용을 국가에서 부담하는 것에 대해서는 어떻게 생각하십니까?

___① 매우 아니다 ___② 아니다 ___③ 모르겠다
___④ 그렇다 ___⑤ 매우 그렇다

17 북한이탈청소년 및 주민들이 교사 자격을 취득하여 영유아 교사로 취업하는 경우 남한 사회의 충분한 이해를 위해 어느 정도의 수습기간이 필요하다고 생각하십니까?

___① 불필요하다 ___② 6개월 미만 ___③ 6개월~1년 정도
___④ 1년 이상 ___⑤ 2년 이상

18 북한이탈청소년 및 주민이 영유아 교사 자격증을 취득하고 수습기간을 거쳐 남한 유아교육기관의 교사로 취업할 경우 귀하의 자녀를 편안하게 맡길 수 있습니까?

___① 매우 아니다 ___② 아니다 ___③ 모르겠다
___④ 그렇다 ___⑤ 매우 그렇다

19 남북한의 영유아교육 현장에 대한 교류, 협력, 지원이 필요하다고 생각하십니까?

___① 매우 아니다 ___② 아니다 ___③ 모르겠다
___④ 그렇다 ___⑤ 매우 그렇다

20 남북한의 영유아교육 분야에서 교류, 협력, 지원한다면 어떤 방식으로 하는 것이 가장 바람직하다고 생각하십니까?

___① 영유아 및 영유아 전공 분야 학생들의 수학여행을 통한 상호교류
___② 자매결연을 통한 미술작품전시회, 편지교환 등 영유아들의 상호교류
___③ 현장 영유아 교원들의 교수방법, 교육계획안 등의 상호교류
___④ 영유아교육 분야의 학생, 전문가들의 학술교류 및 협력 도모
___⑤ 북한 영유아를 위한 인도적 차원의 식료품, 의료품, 학용품 등의 지원
___⑥ 북한 영유아교육기관에 대한 교구·교재 및 컴퓨터 등의 교육기자재 지원
___⑦ 기타 ( )

최 민 수

중앙대학교, 중앙대학교 대학원 유아교육학과 졸업

현재 광주대학교 유아교육학과 교수, 미래유아교육학회 회장, 한국통일교육학회 부회장, 열린유아교육연구소 소장, 광주광역시교육청 교육발전 자문위원

저서 북한유아교육론 (문음사), 유아통일교육 (정민사), 비교유아교육론 (양서원), 아동건강교육 (학지사), 아동안전관리 (형설출판사) 외 다수

논문 남북한의 유치원 교육과정 비교 분석 연구, 유아통일교육 연구동향과 과제, 유치원의 통일교육 실천 내용 분석 외 다스

이 원 영

이화여자대학교, 워싱턴대학교 대학원 유아교육학과 졸업

현재 중앙대학교 유아교육학과 명예교수, 환태평양유아교육연구학회 PECERA 회장, 역임 한국유아교육학회 회장, 대통령자문기구 교육개발위원

저서 유아통일교육 (다음세대), 영유아를 위한 부모교육 (북카페), 100년 후에도 변치않는 소중한 육아지혜 (샘터사), 인간의 교육 (양서원) 외 다수

논문 남북한의 유치원 교육과정 비교 분석 연구, 유치원의 교육목적 연구, 문교부 유치원 교육과정 개발연구, 유아 소비자교육 연구 외 다수

최 완 영

이화여자대학교, 한국신학대학교 대학원 교육학과 졸업

현재 둔성유치원 원장, 재단법인 우성학원 이사장, 역임 민주평화통일자문위원 교육분과 상임위원, 경희대학교 가정학과 교수

저서 유치원 교육과정에 기초한 생활주제 교육계획 (창지사), 새로움을 찾아서: 재활용 자원의 교육적 활용의 실제 (창지사), 레지오 접근법과 우리 어린이 (양서원)

청삼아동연구시리즈 21
통일한국의 영유아 교원 양성과 재교육 제도 및 정책 방안

초판 1쇄 인쇄 2010년 6월 7일
초판 1쇄 발행 2010년 6월 15일

지 은 이 | 최민수·이원영·최완영
펴 낸 이 | 김기섭
책임편집 | 박소정
펴 낸 곳 | 창지사 www.changjisa.com
121-809 서울시 마포구 대흥동 161
전화 (02) 719-2211~3
팩스 (02) 701-9386
팩스 (02) 701-9386
등 록 | 1977년 4월 28일 · 제1-421호

ISBN 978-89-426-0582-8 (93370)
값 8,000원